SILVIA SPANISH

1

실비아 진 지음

La cenicienta

신데렐라 그림으로 배우는 동화 스페인어

수페인어 수퍼리딩
실비아

실비아의 스페인어 스토리텔링 1

La Cenicienta

지 은 이 | 실비아 전 (Silvia Chun)
동화 원작자 | 샤를 페로
발 행 인 | 곽호민
펴 낸 곳 | 도서출판 **실비아스페인어 SILVIASPANISH**

초판 1쇄 발행 | 2018년 11월 1일

편집총괄 | 이수빈
책임편집 | 이다빈
기   획 | 이찬미
표지디자인 | 디파인디자인스튜디오
그   림 | 박종호
감   수 | Zirly Dinora, Ángel Puma, 오재경, 이희정(Sandra)
　　　　　Beatriz Velásquez Ponce
주   소 | 서울시 강남구 테헤란로 92길 11 3층
편집 · 구입문의 | 070-4027-3877
이 메 일 | silviaspanish@naver.com
웹사이트 | www.silviaspanish.co.kr

출판등록 | 2016-000096
I S B N | 979-11-959078-6-1

* 실비아스페인어와 저자의 허락없이 이 책의 일부 또는 전부를 복제, 발췌하는 것을 금합니다.

"실비아의 스페인어 스토리텔링"
무료 강의 청취 guide

1. 아이폰 사용자
팟캐스트, 팟빵, 오디오클립 어플 실행 → 검색창에 '실비아' 또는 '스페인어' 검색 후
'실비아의 스페인어 스토리텔링' 방송을 찾아오세요.

2. 안드로이드 사용자
팟빵, 오디오클립 어플실행 → 검색창 '실비아' 또는 '스페인어' 검색 후
'실비아의 스페인어 스토리텔링' 방송을 찾아오세요.

3. 컴퓨터로 청취하고자 할 때
네이버 오디오클립에서 스페인어 검색 후 '실비아의 스페인어 스토리텔링' 선택 후
원하시는 강의 청취.

스페인어에 대해 궁금한 것은 언제든지
실비아 선생님을 찾으세요.

http://silviaspanish.co.kr

silviaspanish@naver.com

📖 스토리텔링 시리즈의 특징과 학습 방법

먼저 애플, 안드로이드의 팟캐스트 어플에서 '실비아의 스페인어 스토리텔링' 방송을 찾습니다.
이제 책을 펼쳐 실비아선생님의 팟캐스트 강의를 들으면서 천천히 읽어보세요.
공부라고 생각하지 말고 스페인어로 들려주는 동화와 실비아선생님의 강의를 재미있게 들어보세요.

Paso uno

- 스페인어와 그림으로만 구성되어 있습니다.
- 모르는 문장이나 단어가 있어도 신데렐라 스토리를 생각하면서 천천히 읽어 나가 봅니다.
- 팟캐스트의 원어민 녹음을 반복해서 들어봅니다.

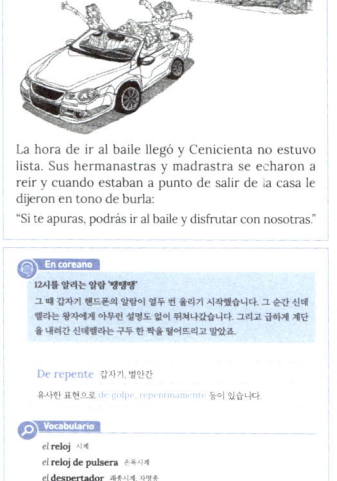

La hora de ir al baile llegó y Cenicienta no estuvo lista. Sus hermanastras y madrastra se echaron a reir y cuando estaban a punto de salir de la casa le dijeron en tono de burla:
"Si te apuras, podrás ir al baile y disfrutar con nosotras."

Paso dos

- 각 본문에 해당하는 우리말 번역을 볼 수 있습니다.
- 필수 표현과 주요한 단어에 대한 상세한 설명이 있습니다.
- 중요 문법 설명도 빠지지 않고 수록되어 있습니다.
- Vocabulario 각 장의 주요 단어를 모았습니다.

Paso tres

- 그림을 보면서 해당하는 스페인어를 연상해보세요.
- 일상에서 자주 사용되지만 잘 몰랐던 어휘가 많습니다.
- 외우려고 하지 말고 그림과 함께 떠올려 보세요
- 강의를 2~3회 이상 반복해서 들으며 단어를 내 것으로 합니다.

Paso cuatro

- 신데렐라 스토리의 각 장면에 해당하는 그림을 보면서 스페인어로 설명하는 연습을 위한 Paso 입니다.
- 본문과 꼭 같지 않더라도 본인만의 Palabras 로 설명하는 연습을 하다 보면 스페인어가 훌쩍 늘게 됩니다.
- 함께 학습한 내용을 이용하여 글로 쓰는 연습과 스피킹 능력 향상도 도전해 보세요.

Paso cinco

- 스페인어 학습에 가장 어렵다고 할 수 있는 동사 활용을 일목요연하게 정리하였습니다.
- 각 본문에 사용된 주요 단어의 직설법 (현재, 과거, 가능, 미래), 접속법 (현재, 과거, 미래) 활용을 모두 표기 하였습니다.
- 팟캐스트에 원어민선생님께서 읽어주는 동사의 각 활용을 반복해서 같이 따라 읽어보세요.
- 학습자들이 혼동이 쉬운 부분(아쎈또 위치, 불규칙 알파벳)은 컬러로 표기 되어 있으므로 꼭 놓치지 마세요.

기타 특징

- Paso uno 각 페이지 하단에 페이지 번호를 스페인어로 함께 표기하였으니 어려운 숫자 읽는 법도 자연스럽게 익혀보세요.
- 최신 Voca 적용: 헤드셋, 무선청소기, 테블릿, 머리띠, 빨대와 같은 현재의 일상생활에서 쓰이는 가장 최근의 단어로 구성되었습니다.

Contenidos

Un buen carácter tiene un valor incalculable.
착한 성품은 그 가치를 매길 수 없을 만큼 귀중한 것

Paso uno
La Cenicienta en español ···································· 09

Paso dos
La Cenicienta en coreano y gramática ···················· 77

01. Su nombre es Cenicienta ························· 78
그녀의 이름은 신데렐라

02. Cenicienta aguanta todos los maltratos ········· 82
온갖 구박받고 묵묵히 견뎌내는 신데렐라

03. ¡Se busca la media naranja del Príncipe! ········ 86
왕자의 반쪽을 찾습니다!

04. "¡Esta invitación no es para tí!" ················ 88
"이건 너에게 온 초대장이 아니야!"

05. Cenicienta sin poder librarse de la cocina ······ 90
부엌에서 벗어날 수 없는 신데렐라

06. Las hermanastras y madrastra ⋯⋯⋯⋯⋯⋯⋯⋯⋯⋯ 94
신데렐라 두고 무도회 가는 세 모녀

07. Cenicienta rompe en llanto ⋯⋯⋯⋯⋯⋯⋯⋯⋯⋯⋯⋯ 96
결국 울음 터진 신데렐라

08. Aparición de La Hada Madrina ⋯⋯⋯⋯⋯⋯⋯⋯⋯ 100
신데렐라 앞에 나타난 요정

09. Un día de ensueño ⋯⋯⋯⋯⋯⋯⋯⋯⋯⋯⋯⋯ 102
꿈같은 하루 선물해준 요정

10. El vestido andrajoso de Cenicienta ⋯⋯⋯⋯⋯ 104
초라하기 그지없는 신데렐라의 옷

11. El vestido más lindo del mundo ⋯⋯⋯⋯⋯⋯⋯ 106
세상에서 가장 아름다운 드레스

12. Consejo final de su Hada Madrina ⋯⋯⋯⋯⋯⋯ 110
요정 대모의 마지막 당부 "잊지마세요!"

13. La noche más lúcida que el día ⋯⋯⋯⋯⋯⋯⋯⋯ 114
낮보다 더 빛나는 밤

14. Satisfacción de los padres del Príncipe ⋯⋯⋯ 116
흐뭇한 왕자의 부모님

15. 'Ding Dong', la campanada ⋯⋯⋯⋯⋯⋯⋯⋯⋯⋯ 118
12시를 알리는 종소리 '땡땡땡'

16. Cenicienta desencantada del hechizo ⋯⋯⋯⋯ 120
마법 풀린 신데렐라

17. El conmocionado Príncipe Azul ⋯⋯⋯⋯⋯⋯⋯⋯ 122
충격에 빠진 백마 탄 왕자

18. Llegada del Príncipe a la casa ·· 126
신데렐라 집에 도착한 왕자

19. Finalmente ha sido encontrada ·· 128
마침내 찾아낸 유리구두의 주인

20. Final feliz ··· 132
행복한 결말

Paso tres

Vocabulario de uso cotidiano ································ 135
(각 장면의 일상 단어 모음)

Paso cuatro

Explicar y Escribir con sus palabras ······················ 145
(자신만의 문장으로 표현해보세요)

Paso cinco

Los verbos de La Cenicienta ································· 165
(직설법, 접속법 동사 변형)

Paso uno

La Cenicienta
en español

Los personajes de Cenicienta

등장인물

신데렐라
la Cenicienta

아르바이트의 달인
Experta de trabajo a tiempo parcial

왕자
el Príncipe

순정파
Un muchacho ingenuo

세모녀
dos hijas y la madre

쇼핑중독 **Son adictas a las compras**
얼리어답터 **las primeras en adquirirlo**

실비아요정
la hada Silvia

실물과 다름

Diferente de la realidad

유리구두 **los zapatos de cristal**
휴대전화 알람 **la alarma del teléfono celular**
신데렐라 부모님 **los padres de Cenicienta**
왕자 부모님 **los padres del Príncipe**

Los personajes de Cenicienta 11

Había una vez,
en un pequeño reino,
una amable y dulce
jovencita llamada Cenicienta.

Su belleza y carácter eran inigualables.

13 trece

Su felicidad se tornó imperfecta
cuando su madre murió
y su padre volvió a casarse
con una mujer malvada, fea
y cruel que tenía dos hijas
con el mismo carácter que ella.

15 quince

Las tres odiaban mucho
a Cenicienta y la hacían trabajar
día y noche sin descanso y había días
que ni siquiera le daban algo
para que ella pudiera comer.

Tengo que ir más rápido...
porque ya es tarde.

17 diecisiete

Cierto día llegó una invitación
de parte del Rey.
Era la invitación
para celebrar el baile real
en honor del Príncipe.

carta de invitación

Todas las chicas del reino habían sido invitadas.

"¡Eso significa que yo también puedo ir!"
Pensó Cenicienta.

21 veintiuno

Sus hermanastras y su madrastra
se echaron a reír.
"Muy bien Cenicienta",
dijo su madrastra,
"¿Quieres ir? Podrás ir,
después de que termines
tus quehaceres."

23 veintitrés

La enviaron a la cocina para que
terminara de lavar los platos,
hacer la comida,
limpiar y barrer
y por si fuera poco le dejaron
dos enormes sacos de arroz
y frijol mezclados
para que los separara y los pusiera
en sus respectivos recipientes.

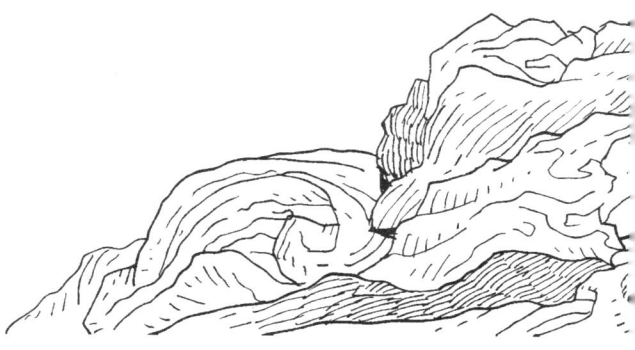

25 veinticinco

La hora de ir al baile llegó
y Cenicienta no estuvo lista.

27 veintisiete

Sus hermanastras y madrastra
se echaron a reír
y cuando estaban a punto
de salir de la casa,
le dijeron en tono de burla:
"Si te apuras, podrás ir al baile
y disfrutar con nosotras."

29 veintinueve

Cuando Cenicienta terminó
de hacer los quehaceres,
estaba muy cansada
y al ver los costales
de arroz y frijol mezclados
se puso a llorar.

31 treinta y uno

Pensó que nunca terminaría
y entre sollozos
recordó a su madre y a su padre
que siempre habían sido
tan buenos con ella.

33 treinta y tres

Fue en ese instante
cuando apareció su Hada Madrina,
le dijo: "¡Cenicienta, no estás sola!
¿Quieres ir al baile?"

Entre sollozos ella le dijo que
por supuesto que quería ir.

35 treinta y cinco

Ella la abrazó y le dijo:
"No llores mi pequeña,
he estado observando todo
lo que te ha sucedido,
¡Claro que irás al baile!"

37 treinta y siete

En ese momento ella extendió
su varita mágica y con la punta señaló
un par de calabazas y a un ratón
que pasaba por la chimenea.
Y en un instante
las calabazas se convirtieron
en una hermosa y lujosa limusina
y el ratón fue convertido
en un chofer elegante.

Cenicienta estaba feliz.
Apenas si podía creerlo.

41 cuarenta y uno

Pero al ver su vestido viejo y feo
volvió a ponerse triste.

Su Hada Madrina la miró y le dijo:
"Mi niña, he pensado
en absolutamente todo..."

43 cuarenta y tres

Agitó nuevamente su varita,
tocó su vestido sucio y feo
y lo convirtió en el más hermoso
que ella hubiese visto
alguna vez y como toque final
le regaló una hermosa tiara
y un par de hermosos
zapatos de cristal.

45 cuarenta y cinco

"Ahora sube pequeña"
le dijo su Hada Madrina.

"Mi consejo final es no olvides
que debes regresar a casa
antes de la medianoche,
pasada la medianoche
el hechizo se romperá
y todo volverá a ser como antes."

"Lo recordaré..." Prometió Cenicienta.

47 cuarenta y siete

Cenicienta subió a la limusina
y se dirigió al instante
al baile real.

El salón de baile real era espléndido.
Todas las doncellas lucían
sus vestidos más hermosos.

49 cuarenta y nueve

Cuando Cenicienta entró,
todas las miradas se fijaron en ella
por su belleza
y por su hermoso vestido.

Cuando el Príncipe vio a Cenicienta,
se enamoró de ella al instante,
y la sacó enseguida para bailar.

51 cincuenta y uno

Cuando la Reina se dio cuenta
de lo sucedido
miró al Rey y le dijo:
"Creo que nuestro hijo
ha encontrado a la mujer
con la que pasará
el resto de su vida."

53 cincuenta y tres

De repente,
la alarma de su celular
comenzó a timbrar
las doce campanadas.

55 cincuenta y cinco

En ese mismo instante
Cenicienta salió corriendo
sin dar ninguna explicación
al Príncipe.

Y al bajar apresuradamente
las escaleras, dejó caer
uno de sus zapatos.

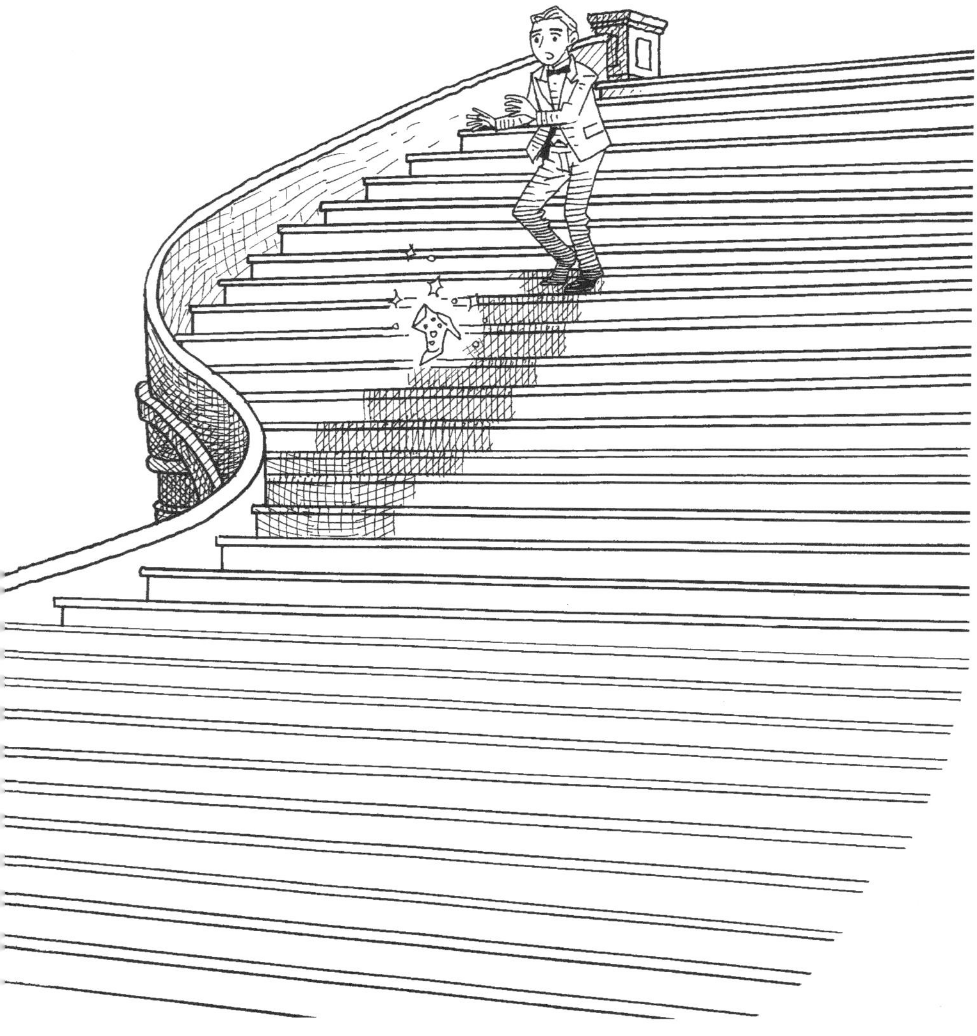

57 cincuenta y siete

Apenas pudo llegar
a tiempo a su casa,
porque en el mismo instante
todo volvió a ser como era antes.

El hechizo había desaparecido.

59 cincuenta y nueve

Para la mañana siguiente
todo el reino estaba
en una conmoción muy grande.

Todos se preguntaban:
"¿Quién era esa hermosa joven
y por qué había salido
tan rápida y misteriosamente?"

Con el zapato de cristal
el Príncipe se dio a la tarea
de encontrar a la hermosa joven
que le había robado el corazón.

Dijo al Rey y la Reina que
se casaría con la doncella al que
el zapato le calzara perfectamente.

63 sesenta y tres

El Príncipe salió
en busca de la dueña
de este zapato
y recorrió todas las aldeas
pero todo era en vano.

65 sesenta y cinco

Por fin el séquito del Príncipe
llegó a la casa
donde Cenicienta vivía
y aunque sus hermanas
intentaron que el zapato
les calzara perfectamente,
pero nunca lo lograron.

67 sesenta y siete

Los guardias preguntaron,
si alguien más vivía en esta casa
y la madrastra respondió
que nadie más vivía aquí.

Pero uno de los guardias
vio a una joven
que trabajaba en la cocina
y en seguida se lo dijo al Príncipe.
El Príncipe dio la orden de traerla
de inmediato.
Y enseguida
ella estaba delante de ellos.

Cuando Cenicienta se calzó
el zapato,
la madrastra y sus hermanastras
se pusieron furiosas
al ver que le quedaba
perfectamente.

73 setenta y tres

Inmediatamente el Príncipe
recordó su cara y la llevó
inmediatamente al palacio
para casarse con ella
y vivir felices para siempre.

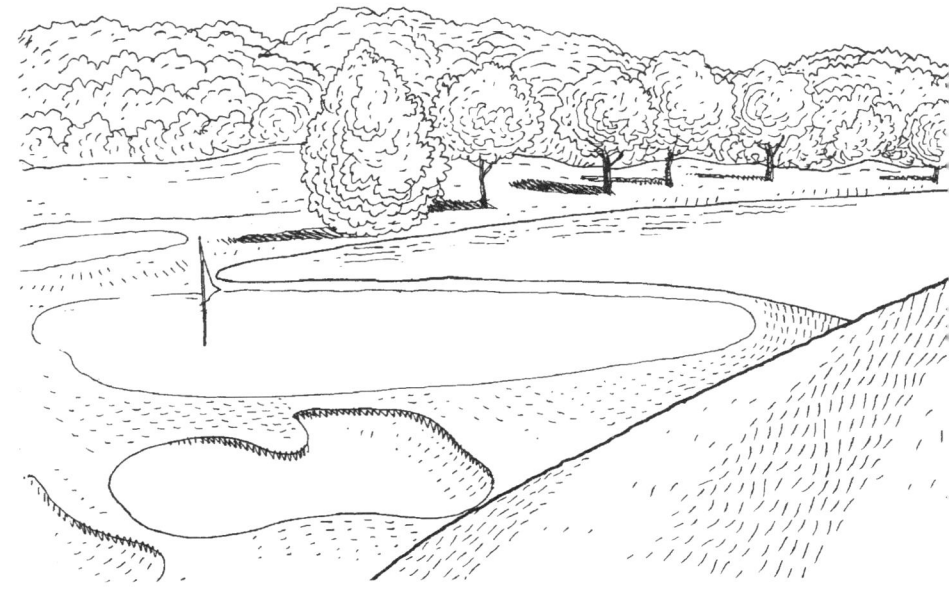

75 setenta y cinco

SILVIA SPANISH

Paso dos

La Cenicienta
en coreano y gramática

Su nombre es Cenicienta

Gramática

Había una vez, en un pequeño reino,
una amable y dulce jovencita
llamada Cenicienta.

 **En coreano**

그녀의 이름은 신데렐라
옛날 옛적 한 작은 왕국에 신데렐라라고 불리는 사랑스럽고 다정한 아가씨
가 있었습니다.

Había una vez 는 '(과거 어느 시기에) ~이 있었다'라고 해석할 수 있
지만, 동화나 옛날 이야기를 할 때 서두에 사용하여 '옛날 옛적에 ~이 있었
다'라는 의미로 사용하기도 합니다.

다른 표현으로 Érase una vez 도 사용됩니다.

Su nombre es Cenicienta   79

★ 축소사

축소사는 감정적 의미를 나타내기도 하고, 행위나 과정의 짧음을 표현하며, 사람이나 사물을 표현할 때 귀여운 느낌이나 혹은 작다는 느낌을 나타내기도 합니다.
또는 불편한 표현을 할 때 완화를 위한 말투로 사용하며, 형용사나 부사는 강한 이미지를 줄 때 사용을 합니다.

축소접미사는 **-illo/ illa, ito/ ita** 로 어미부분의 형태가 바뀝니다.

사물   **mesa** 테이블 → **mesita/ mesilla** 작은 테이블, 협탁

        cuchara 수저 → **cucharita** 티스푼

        palo 막대기, 몽둥이 → **palitos** 젓가락

        coche 자동차 → **cochecito** 유모차

사람   **señora** → **señorita**

        niño/ niña 어린이 → **niñito/ niñita** (더 작은) 어린이

사람의 이름 혹은 호칭   **Diana** → **Dianita**

                          Diego → **Dieguito**

                          mamá → **mamita**

Gramática

장소   **calle** 거리, 길 → **callecita** 작은 혹은 짧은 길

　　　 camino 길 → **caminito** 작은 혹은 짧은 길

표현 완화   **problema** → **problemita/ problemilla**

　　　　 gord@ 뚱뚱한 → **gordit@** 통통한

　　　　 delgad@ 마른 → **delgadit@** 깡마른

형용사 부사의 강화   **igual** 같은 → **igualit@** 완전 똑같은(판박이)

　　　　　　　　 cerca 가까운 → **cerquit@** 완전 가까운

Vocabulario

pequeñ@ 작은

el/la **pequeñ@** 꼬마어린이

el **reino** 왕국

amable 친절한

dulce 달콤한

había 동사 **haber**(있다)의 불완료과거 1, 3 인칭 단수

Su nombre es Cenicienta   81

Cenicienta aguanta todos los maltratos en silencio

Gramática

Su belleza y carácter eran inigualables. Su felicidad se tornó imperfecta cuando su madre murió y su padre volvió a casarse con una mujer malvada, fea y cruel que tenía dos hijas con el mismo carácter que ella. Las tres odiaban mucho a Cenicienta y la hacían trabajar día y noche sin descanso y había días que ni siquiera le daban algo para que ella pudiera comer.

En coreano

온갖 구박을 받고 묵묵히 견뎌내는 신데렐라

그녀의 아름다움과 성격은 누구와도 비교될 수 없었죠. 하지만 그녀의 어머니가 돌아가신 후, 아버지가 사악하고 추하고 모질며 자신의 성격을 꼭 빼어 닮은 두 딸을 가진 여자와 재혼하면서 그녀의 행복은 깨지게 됐습니다. 세 모녀는 신데렐라를 아주 미워했고 밤낮으로 쉴 틈 없이 일을 시켰습니다. 심지어는 먹을 것조차 주지 않는 날들도 있었죠.

Su padre volvió a casarse. 그녀의 아버지는 다시 결혼을 하였다.

volver + a + 동사원형 : 다시 ~을 하다.

Cenicienta aguanta todos los maltratos en silencio 83

las tres 세 사람은 (세 여자는)

숨자를 관사 la/ las 와 함께 사용하면 시간을 나타내기도 하지만, 앞에서 언급된 사람을 나타낼 때 "세 명은~"이라는 표현으로 여성들이라면 las tres, 남자 셋이라면 los tres로 관사를 이용하여 성과 수를 구분한다.

tornarse ~이 되다, 변하다

★ <직접목적대명사 + 조동사 hacer + 동사원형>는 어떠한 행위(동사원형)를 의지와 관계 없이 '~하게 하다/만들다'라는 의미가 됩니다.

Mi amigo Juan me hizo reír mucho.
(내 친구 후안은 나를 많이 웃게 만들었다.)

▶ 따라서 본문에서 Las tres odiaban mucho a Cenicienta y **la hacían trabajar**는 '세 모녀는 신데렐라를 미워했고 (강제로) 일하게 했다'라는 의미가 됩니다.

(el) día y (la) noche 낮과 밤, 늘

같은 의미로 위치를 바꿔서 표현해도 되고 또는 de día y de noche 라고도 합니다.

sin descanso 쉬지 않고, 쉴 새 없이

84 La Cenicienta

Gramática

> ## ni siquiera ~조차 (아니다)
>
> 단순 부정보다 더 강조하는 의미로 사용됩니다.

Había días que **no** le daban algo para comer.

(먹을 것을 주지 않는 날들이 있었다.)

Había días que **ni siquiera** le daban algo para que ella pudiera comer.

(먹을 것조차 주지 않는 날들이 있었죠.)

algo 는 대명사로 '어떤 것, 무엇인가, 무엇이라도'라는 의미로 사용하여 부정적 인 양을 나타내기 위해 다소, 얼마간, 조금 약간이라는 의미로 부정적인 표현에 함 께 쓰인다.

Vocabulario

la **belleza** 아름다움, 미, 미녀

eran 동사 **ser**(~이다)의 불완료과거 3인칭 복수

inigualable 탁월한, 비교될 수 없는

la **felicidad** 행복

se tornó 동사 **tornarse**(변하다, ~로 되다, 다시 ~이 되다)의 단순과거 3인칭 단수

imperfect@ 불완전한, 미완성의 ▶ [반대] **perfect@** 완전한, 완벽한

odiaban 동사 **odiar**(증오하다, 미워하다)의 불완료과거 3인칭 복수

el **descanso** 휴식, 쉼

siquiera 적어도, 최소한, 하다못해

pudiera 동사 **poder**(~할 수 있다)의 접속법 불완료과거 1, 3인칭 단수

Cenicienta aguanta todos los maltratos en silencio 85

¡Se busca la media naranja del Príncipe!

Cierto día llegó una invitación de parte del Rey. Era la invitación para celebrar el baile real en honor del Príncipe. Todas las chicas del reino habían sido invitadas.

¡Eso significa que yo también puedo ir! Pensó Cenicienta.

Gramática

 En coreano

왕자의 '반쪽'을 찾습니다!

어느 날 국왕으로부터 초대장이 도착했습니다. 왕자를 기념하기 위한 궁중 무도
회가 열릴 것이라는 초대장이었죠. 왕국의 모든 아가씨들이 초대받았습니다.

신데렐라는 생각했습니다.

'그건 나도 참석할 수 있다는 뜻이구나!'

de parte de (사람) (누구)로부터, (누구의) 이름/명령으로

 Tip

본문에서의 real은 영어의 royal과 유사한 의미로 '왕의, 왕권의'라는 뜻입니다.

 Vocabulario

la **invitación** 초대, 초청, 초대장

celebrar 축하하다, 기리다, 기념하다

el **baile** 춤, 무도회, 무용

la **danza** 춤, 무용

el **honor** 명예

en honor de ~를 위하여/기념하여, ~에게 경의를 표하여

invitado 초대받은 ▶ (el/la) **invitado@** 손님, 초대 손님

significar 의미하다, 뜻하다

¡Se busca la media naranja del príncipe!   87

"¡Esta invitación no es para ti!"

Sus hermanastras y su madrastra se echaron a reír.

"Muy bien Cenicienta", dijo su madrastra, "¿Quieres ir? Podrás ir, después de que termines tus quehaceres."

"이건 너에게 온 초대장이 아니야"

하지만 그녀의 새 언니들과 계모는 갑자기 웃기 시작했고 계모가 말했습니다. "좋아, 신데렐라. 너도 가고 싶니? 너도 갈 수 있어. 네 할 일들을 다 끝낸 후에 라면 말이야."

Gramática

> **echarse a reír** (갑자기) 웃기 시작하다

▶ echarse a + 동사원형 : ~을 (시작)하다

echarse a dormir 잠들다
echarse a llorar 울기 시작하다
echarse a pensar 생각에 잠기기 시작하다
echarse a correr 뛰기 시작하다

▶ después de que : ~을 한 후에 (현재에서 미래를 나타냄)

Después de que pasó el tifón. 태풍이 지나간 후에
Después de que termines todo puedes hacerlo.
모든 것이 끝난 후에 그걸 할 수 있지.

Vocabulario

se echaron 동사 **echarse**(몸을 던지다, 뛰어들다)의 단순과거 3인칭 복수

podrás 동사 **poder**(~할 수 있다)의 미래 2인칭 단수

después 뒤에, 후에, 다음에

termines 동사 **terminar**(끝내다, 완료하다)의 접속법 현재 2인칭 단수

acabar 끝내다, 끝마치다, 완성/완료하다

completar 완성시키다, 완전하게 하다

finalizar 끝내다

concluir 끝내다, 끝마치다, 완결시키다, 결론짓다

el **quehacer** 볼일, 용건, 용무 (**quehaceres**는 복수형)

"¡Esta invitación no es para ti!" 89

Cenicienta sin poder librarse de la cocina

Gramática

La enviaron a la cocina para que terminara de lavar los platos, hacer la comida, limpiar y barrer y por si fuera poco le dejaron dos enormes sacos de arroz y frijol mezclados para que los separara y los pusiera en sus respectivos recipientes.

En coreano

부엌에서 벗어날 수 없는 신데렐라

(세 모녀는) 먼저 그녀를 주방으로 보내 접시를 닦고 음식을 만들게 했고 빨래와 청소도 하게 하고, 그것도 모자라 쌀과 강낭콩이 섞여있는 두개의 거대한 자루를 주면서 분리해 각각의 용기에 담게 했습니다.

Cenicienta sin poder librarse de la cocina 91

enviar a (장소)로 보내다

▶ enviar(mandar) a + 장소 : ~로 보내다

enviar a un lugar peligroso. 위험한 곳으로 보내다.

enviar a la escuela privada. 사립 학교로 보내다.

▶ enviar(mandar) a + 사람 + a + 동사원형 : ~를 ~ 하러 보내다

enviar a alguien a pasear. ~를 산책하러 보내다.

enviar a alguien a jugar al golf. ~를 골프를 치러 보내다.

enviar a alguien a hacer senderismo. ~를 하이킹하러 보내다.

por si fuera poco 그것도 모자라서, 심지어

Gramática

Vocabulario

enviaron 동사 **enviar**(보내다, 발송하다)의 단순과거 3인칭 복수

la **cocina** 부엌, 주방, 조리대, 레인지

terminara 동사 **terminar**(끝내다, 완료하다)의 접속법 불완료과거 1, 3인칭 단수

lavar 씻다, 세탁하다

limpiar 청소하다, 씻다, 닦다

barrer 청소하다, (먼지나 쓰레기를) 쓸다

enorme 거대한, 막대한

grande 큰, 커다란

inmens@ 매우 큰, 광대한

gigantesc@ 거대한, 거인 같은

el **saco** 자루, 부대, 포대

el **arroz** 쌀

el **frijol** 강낭콩

la **cebada** 보리

el **arroz integral** 현미

la **soja** 콩

el **poroto colorado/rojo** 팥

mezclad@ 섞인, 혼합된

separara 동사 **separar**(나누다, 분리하다, 헤어지다)의 접속법 불완료과거 1, 3인칭 단수

pusiera 동사 **poner**(놓다, 두다, 입히다)의 접속법 불완료과거 1, 3인칭 단수

respectiv@ 각각의, 각자의

correspondiente 각자의, 적합한, 상응하는

el **recipiente** 그릇, 용기

Cenicienta sin poder librarse de la cocina   93

Las hermanastras y madrastra asisten al baile dejando sola a Cenicienta

La hora de ir al baile llegó y Cenicienta no estuvo lista. Sus hermanastras y madrastra se echaron a reír y cuando estaban a punto de salir de la casa le dijeron en tono de burla:

"Si te apuras, podrás ir al baile y disfrutar con nosotras."

Gramática

 **En coreano**

신데렐라 두고 무도회 가는 세 모녀

무도회에 갈 시간이 되었지만 신데렐라는 준비가 되지 않았습니다. 세 모녀는 신데렐라를 비웃으며 집을 나가기 직전 그녀에게 놀리는 말투로 말했습니다.
"조금 더 서두르면 너도 무도회에 가서 우리와 함께 즐길 수 있을거야."

▶ La hora de ~ : ~할 시간

La hora de la verdad. 결정적인 순간

La hora de la siesta. 낮잠 시간

La hora de comer. 식사할 시간

La hora de partir. 출발할 시간

estar + a punto de + 동사원형 (동사원형)하기 직전/ 찰나에 있다.

언어적 행위 동사 **+ en tono + de** 명사 (명사)의 어조/말투로 (동사하다.)

유사한 의미로 en voz(소리로) 가 있습니다.

Vocabulario

el/la **hermanastr@** 이복형제/자매

la **burla** 우롱, 조소, 조롱

te apuras 동사 **apurarse**(서두르다)의 현재 2인칭 단수

disfrutar 즐기다

gozar 즐기다, 누리다

divertirse 즐기다

echarse a 동사원형 : ~을 하기 시작하다

asisten 동사 **asistir**(참석하다)의 현재 3인칭 복수

Las hermanastras y madrastra asisten al baile dejando sola a Cenicienta   95

Cenicienta rompe en llanto

Cuando Cenicienta terminó de hacer los quehaceres estaba muy cansada y al ver los costales de arroz y frijol mezclados se puso a llorar... pensó que nunca terminaría y entre sollozos recordó a su madre y a su padre que siempre habían sido tan buenos con ella.

Gramática

En coreano

결국 울음 터진 신데렐라

신데렐라는 집안일은 모두 마쳤지만 너무 피곤했습니다. 그리고 쌀과 강낭콩이 섞여있는 큰 자루를 보자 울음이 터졌습니다. 절대 끝내지 못할 것이라 생각이 들었고, 흐느끼는 가운데 그녀는 자상했었던 부모님을 떠올렸죠.

---

ponerse a llorar 울음이 터지다/울기 시작하다

유사한 표현으로 echarse a llorar, romper a llorar 를 사용할 수 있습니다.

★ 가능법·조건법 (Modo condicional)

스페인어에는 가능법이라고 하는 동사 형태가 있습니다.
-ar, -er, -ir 동사 모두 같은 형식으로 변화합니다.

인칭	변화	동사활용
yo	-ía	hablaría, comería, escribiría
tú	-ías	hablarías, comerías, escribirías
él/ella/usted	-ía	hablaría, comería, escribiría
nosotros	-íamos	hablaríamos, comeríamos, escribiríamos
vosotros	-íais	hablaríais, comeríais, escribiríais
ellos/ellas/ustedes	-ían	hablarían, comerían, escribirían

▶ 표와 같이 규칙 동사에선 동사 어미에 변화만 붙여주면 됩니다.

Cenicienta rompe en llanto 97

가능법의 용도는 일반적으로 4가지로 구분할 수 있습니다.

1. 정중한 표현을 사용할 때.

¿Te gustaría tomar un café? (커피 한잔 드시겠어요?)
¿Podrías abrir la puerta? (문 좀 열어줄 수 있어?)

2. 과거의 상황에서 미래를 이야기할 때.

현재에서 미래를 이야기할 땐 단순미래로 표현하면 되지만, 과거에서 미래를 표현할 땐 가능법/ 조건법을 사용합니다.

▶ 단순미래
Creo que Sergio viajará a Corea.
(난 쎄르히오가 한국으로 여행갈 것 같아.)

▶ 가능법(과거의 미래)
Creí/Creía que Sergio viajaría a Corea.
(난 쎄르히오가 한국으로 여행을 갈 거라 생각했어/생각하고 있었어.)

※본문 : Cenicienta pensó que nunca terminaría.
　　　　(신데렐라는 절대 끝나지 않을 거라 생각했다.)

▶ 미래완료
Creo que Sergio ya habrá viajado a Corea.
(난 쎄르히오가 이미 한국으로 여행갔을 거 같아.)

▶ 가능법(과거의 미래완료)
Creí/Creía que Sergio ya habría viajado a Corea.
(난 쎄르히오가 이미 한국으로 여행갔을 거라 생각했어/생각하고 있었어.)

98　La Cenicienta

Gramática

3. 과거 상황에서의 추측을 이야기할 때.

¿Quién sería el que abrió esta puerta?

(누가 이 문을 열었을까?)

¿Habría estado afuera cuando la llamé?

(내가 전화했을 때 그녀는 밖에 있었을까?)

4. 일어나지 않은 또는 비현실적인 상황, 가정법(si 문장).

Yo que tú, compraría una casa en vez de un coche.

(내가 너라면, 차 대신 집을 살 텐데.)

Le agradecería mucho si me contara lo que ha sucedido aquí.

(여기서 일어난 일을 이야기해 주면 감사하겠습니다.)

Vocabulario

terminó 동사 **terminar**(끝내다, 끝나다)의 단순과거 3인칭 단수

los **quehaceres** 가사, 볼일, 용건, 할 일

cansad@ 피곤한, 지친

el **costal** 큰 자루

el **arroz** 쌀

el **frijol** 강남콩, 콩

llorar 울다

pensó 동사 **pensar**(생각하다)의 단순과거 3인칭 단수

nunca 절대로 ~하지 않는다

terminaría 동사 **terminar**(끝나다, 끝내다)의 가능법 l, 3인칭 단수

el **sollozo** 흐느낌, 흐느껴 울기, 오열

recordó 동사 **recordar**(기억하다)의 단순과거 3인칭 단수

Cenicienta rompe en llanto 99

Aparición de La Hada Madrina ante Cenicienta

Fue en ese instante cuando apareció su Hada Madrina. Le dijo: "¡Cenicienta, no estás sola!...¿Quieres ir al baile?"

Entre sollozos ella le dijo que por supuesto que quería ir.

Ella la abrazó y le dijo: "No llores mi pequeña, he estado observando todo lo que te ha sucedido.

¡Claro que irás al baile!"

Gramática

En coreano

신데렐라 앞에 나타난 '요정'

그 순간, 신데렐라의 요정 대모가 나타나 그녀에게 물었습니다.

"신데렐라, 당신은 혼자가 아니에요. 무도회에 가고 싶나요?

흐느끼는 와중에 신데렐라는 당연히 가고 싶다고 답했죠.

요정 대모는 그녀를 안아주며 말했습니다.

"울지 말아요. 당신에게 일어난 모든 일들을 지켜봤어요. 당연히 무도회에 갈 거에요!"

---

llorar (울다, 눈물을 흘리다)의 명령형

명령형에서 2인칭 단수와 복수는 긍정과 부정의 변화가 다릅니다.

인칭별 긍정과 부정의 no	**llorar**
tú	llora
tú no	llores
usted	llore
usted no	
nosotros	lloremos
nosotros no	
vosotros	llorad
vosotros no	lloréis
ustedes	lloren

▶ Claro que ~ : 당연히/물론 ~ 하다.

¡Claro que sí! 당연하지! (당연히 그렇지!)

¡Claro que no! 물론 아니지! (당연히 그렇지 않지!)

Aparición de La Hada Madrina ante Cenicienta 101

Un día de ensueño como regalo por parte de la Hada Madrina

En ese momento ella extendió su varita mágica y con la punta señaló un par de calabazas y a un ratón que pasaba por la chimenea. Y en un instante las calabazas se convirtieron en una hermosa y lujosa limusina y el ratón fue convertido en un chofer elegante.

Gramática

En coreano

꿈 같은 하루 선물해준 대모 요정

그 순간 요정은 요술 막대를 뻗었고 한 쌍의 호박과 마침 굴뚝을 지나가던 생쥐들에게 막대의 끝을 가리키자, 호박은 아름답고 호화로운 리무진으로, 생쥐들은 멋진 운전기사로 변했습니다.

> **convertirse en = transformarse en**
> (무엇으로) 바뀌다, 변하다, 변형되다

Vocabulario

extendió 동사 **extender**(펴다, 뻗다, 넓히다, 확장하다)의 단순과거 3인칭 단수

la **varita** 작은 막대 ▶ (*la*) **vara**에 접미사 −ito/a가 붙은 형태

mágic@ 마법의, 마술의, 요술의

la **punta** (어떤 물건의) 끝

señaló 동사 **señalar**(표시하다, 가리키다)의 단순과거 3인칭 단수

el **par** (같은 종류의) 두 사람, 두 개 ▶ **un par de** 한 쌍의

la **chimenea** 굴뚝

se convirtieron 동사 **convertirse**(변하다, 바뀌다)의 단순과거 3인칭 복수

lujos@ 사치스러운, 호화로운

rápid@ 빠른, 신속한, 민첩한

veloz 빠른, 신속한

lent@ 느린, 더딘, 둔한

el **caballo** 말, 수말

el **chofer** 운전기사

elegante 우아한, 품위 있는, 세련된, 근사한

Un día de ensueño como regalo por parte de La Hada Madrina 103

El vestido miserable de Cenicienta

Cenicienta estaba feliz... apenas si podía creerlo...
Pero al ver su vestido viejo y feo volvió a ponerse
triste.

Gramática

En coreano

초라하기 그지없는 신데렐라의 옷

신데렐라는 행복해 했습니다. 그 광경을 거의 믿을수가 없었지요. 하지만 자신의 낡고 추한 드레스를 보자 다시 슬픔에 빠졌습니다.

> **apenas si** 거의 ~ 아니다, 겨우

Tip

★ <estar + 형용사>는 서술하는 당시 '**이미 형용사와 같은 상태**'가 되어 있는 상황을 의미하지만 <ponerse + 형용사>를 사용하면 '**어떠한 이유로 형용사처럼 된**' 상황을 의미하게 됩니다.

Ella está triste. 그녀는 슬프다.

▶ 이미 슬퍼있는 상태를 표현.

Ella se pone triste. 그녀는 슬픔에 빠지다.

▶ 기분이 슬퍼진 상태를 표현.

 ### Vocabulario

miserable 불행한, 불쌍한, 가련한, 가엾은, 초라한

creer+lo 그것을 믿다

el **vestido** 원피스

viej@ (70세가 넘은 사람) 늙은, 연로한
사물에 사용할 때는 오래된, 낡은

fe@ 못생긴, 추한

ponerse + 형용사 ~한 상태가 되다

El vestido miserable de Cenicienta 105

El vestido más lindo del mundo

Su Hada Madrina la miró y le dijo: "Mi niña, he pensado en absolutamente todo…"

Agitó nuevamente su varita, tocó su vestido sucio y feo y lo convirtió en el más hermoso que ella hubiese visto alguna vez y como toque final le regaló una hermosa tiara y un par de hermosos zapatos de cristal.

Gramática

> **En coreano**
>
> **세상에서 가장 아름다운 드레스**
> 그녀의 요정 대모가 그녀를 본 후 말했습니다.
> "나의 아가씨, 제가 이미 완벽하게 모든 것을 염두하고 있었지요."
> 요정 대모가 다시 막대를 흔들어 신데렐라의 지저분하고 낡은 드레스를 건
> 드리자 그녀가 한번도 보지 못했을법한 아름다운 드레스로 변하게 했습니
> 다. 그리고 마지막으로 신데렐라에게 아름다운 왕관과 유리구두 한 쌍을 선
> 물했죠.

★ 접속법 문장 lo convirtió en el más hermoso que ella hubiese visto alguna vez를 단계로 나눠서 살펴봅시다.

1. lo convirtió en 여기서 lo는 이미 앞 구절에 나오는 su vestido sucio y feo를 직접목적어 '그것을/를'로 표현한 것입니다. 즉, '그녀의(신데렐라의) 지저 분하고 낡은 드레스'를 의미하는 것이죠. convertir en은 '~으로 바꾸다, 변화시키 다'란 뜻입니다. 해석해보면, <그것을(드레스를) ~으로 바꿨다.>가 되겠지요. 그러 면 드레스를 무엇으로 바꿨을까요?

2. el más hermoso 가장 아름다운 드레스. 여기서 el은 이미 언급된 vestido 를 의미합니다. 만약 드레스를 다른 종류의 사물로 바꾼 것이라면 새로 언급을 했 겠지만 드레스는 이미 언급됐기 때문에 정관사 el만 사용한 것이죠. 따라서 1과 2 lo convirtió en el más hermoso를 해석해보면, <그것을(드레스를) 가장 아름 다운 드레스로 변하게 했다.> 입니다.

El vestido miserable de Cenicienta 107

3. que ella hubiese visto alguna vez 이제 que를 사용하여 가장 아름다운 드레스(el más hermoso)를 부가적으로 수식해주는 접속법 구절이 나옵니다. 이 아름다운 드레스는 신데렐라가(ella) 과거 언젠가(alguna vez) 또는 한번이라도 봤던 드레스인지 아닌지 확실하지 않기 때문에 접속법을 사용한 것입니다. 평생 한번이라도 본 것인지 의심을 제기하는 부정을 담은 의미의 표현입니다.

▶ "lo convirtió en el más hermoso que ella hubiese visto alguna vez"를 종합해보면, <신데렐라가 한번도 보지 못했을 법한 가장 아름다운 드레스로 변하게 했다.>라는 의미 입니다.

Gramática

Vocabulario

agitó 동사 **agitar**(흔들다, 젓다)의 단순과거 3인칭 단수

nuevamente 다시, 재차

tocó 동사 **tocar**(건드리다, 만지다, 닿다)의 단순과거 3인칭 단수

suci@ 더러운, 지저분한

mugrient@ 지저분한, 꼬질꼬질한

limpi@ 깨끗한, 청결한

_el_ **toque** 만지기, 접촉, 닿기 ▶ **toque final** 마무리

_la_ **tiara** 왕관(공주가 쓰는 작은 왕관)

_la_ **corona** 왕관

pensado 동사 **pensar**(생각하다)의 과거분사

absolutamente 절대적으로, 완벽하게, 완전히

nuevamente 다시, 재차

_la_ **varita** 요술막대(**varita mágica**)

tocó 동사 **tocar**(만지다)의 직설법 단순과거 3인칭 단수

_el_ **vestido** 원피스, 의복

convertir 변환하다, 전환하다

　　　　　 + en ~으로 바꾸다

hermos@ 아름다운, 훌륭한, 예쁜, 고운, 뛰어난

visto 동사 **ver**(보다)의 과거분사

final 최후의, 마지막의, 최종의

_el_ **final** 끝, 마지막

regaló 동사 **regalar**(선물하다)의 단순과거 3인칭 단수

hubiese 동사 **haber**(있다, 이다)의 접속법 불완료과거 1, 3인칭 단수

El vestido miserable de Cenicienta 109

Consejo final de su Hada Madrina: "¡No lo olvides!"

"Ahora sube pequeña" le dijo su Hada Madrina.

"Mi consejo final es no olvides que debes regresar a casa antes de la medianoche, pasada la medianoche el hechizo se romperá y todo volverá a ser como antes."

"Lo recordaré…" Prometió Cenicienta.

Gramática

En coreano

"그것을 절대 잊지마" 요정 대모의 마지막 조언

"아가씨, 이제 차에 타세요." 요정 대모가 말했습니다.

"나의 마지막 조언은 자정 전에 집으로 돌아와야 한다는 것을 잊지 마세요.
자정이 지나면 마법이 풀려서 모든 것이 예전처럼 돌아갈 거니까요."
그러자 신데렐라는 "기억할게요"라며 약속했죠.

규칙 동사 **Subir** (오르다, 올라가다)의 명령형

구분	subir
tú	sube
tú no	subas
usted	suba
usted no	
nosotros	subamos
nosotros no	
vosotros	subid
vosotros no	subáis
ustedes	suban

※ olvidar의 명령형은 위의 표(llorar)를 참조하세요!

Consejo final de su Hada Madrina: "¡No lo olvides!"   111

★ 의무에 대한 표현 deber, tener que, hay que

▶ 스페인어에서 의무에 대한 대표적 표현으로는 <deber + 동사원형 / tener que + 동사원형 / hay que + 동사원형>이 있습니다.

1. hay que는 특정 대상의 의무가 아닌 '통념적' 의무를 표현할 때 쓰입니다.

Hay que tener coraje para superar esta situación.
(이 상황을 극복하려면 용기를 가져야 한다.)

Para mantener la vida sana, hay que dejar de fumar.
(건강한 삶을 유지하려면 담배를 끊어야 한다.)

2. tener que와 deber는 주어가 되는 대상의 의무를 표현하지만 deber는 약간의 예외가 있습니다. <deber + ser / estar / haber / tener> 4가지 동사와 결합하면 의무가 아니라 '~일 것이다, ~임에 틀림없다'와 같이 '추정'하는 의미가 됩니다.

Tienes que/debes dejar de fumar para mantener la vida sana.
(건강한 삶을 유지하려면 넌 담배를 끊어야 해.)

Ahora Juan debe estar en el colegio.
(지금 후안은 학교에 있을 거야/있는 게 분명해.)

Debe haber alguna herramienta en esa caja.
(거기 상자에 공구가 좀 있을 거야.)

Gramática

Vocabulario

el **consejo** 의견, 조언, 충고, 회의, 이사회

la **recomendación** 추천, 권고, 충고

la **advertencia** 주의, 경고, 충고

la **medianoche** 자정

el **mediodía** 정오

debes 동사 **deber**(~을 해야한다)의 현재 2인칭 단수

antes de~ ~하기 전에

pasad@ 지난, 지나간

el **hechizo** 주문, 주술

como ~처럼

recordaré 동사 **recordar**(기억하다)의 미래 1인칭 단수

prometió 동사 **prometer**(약속하다)의 단순과거 3인칭 단수

se romperá 동사 **romperse**(깨지다, 부서지다)의 미래 3인칭 단수

Consejo final de su Hada Madrina: "¡No lo olvides!" 113

La noche más lucida que el día

Cenicienta subió al carruaje y se dirigió al instante al baile real. El salón de baile real era espléndido. Todas las doncellas lucían sus vestidos más hermosos.

Cuando Cenicienta entró, todas las miradas se fijaron en ella por su belleza y por su hermoso vestido.

Cuando el Príncipe vio a Cenicienta, se enamoró de ella al instante, y la sacó enseguida para bailar.

Gramática

En coreano

낮보다 더 빛나는 저녁

신데렐라가 올라 탄 마차는 곧바로 궁중 무도회를 향해 출발했습니다. 궁중 무도회의 홀은 그야말로 근사했습니다. 참석한 모든 아가씨들도 자신들의 가장 아름다운 드레스로 인해 빛나고 있었죠. 신데렐라가 들어서자 그녀의 빼어난 외모와 아름다운 드레스에 모든 시선들이 멈췄습니다. 신데렐라에게 첫눈에 반한 왕자는 곧바로 춤을 추기 위해 그녀를 끌어냈습니다.

Vocabulario

lucid@ 빛나는, 훌륭한, 화려한, 굉장한

lúcid@ 총명한, (설명이) 명쾌한

se dirigió 동사 **dirigirse**(향하다)의 단순과거 3인칭 단수

el **salón** 큰 홀, 회장

espléndid@ 화려한, 멋진, 근사한, 호화스러운

la **doncella** 처녀, 아가씨

lucían 동사 **lucir**(빛나다, 반짝이다, 빼어나다)의 불완료과거 3인칭 복수

brillar 빛나다, 빛을 발하다

resplandecer 빛나다, 빼어나다

oscurecer 어둡게 하다 **oscurecerse** 어두워지다

la **mirada** 시선, 눈빛

se fijaron 동사 **fijarse**(고정하다, 집중하다, 주목하다)의 단순과거 3인칭 복수

enseguida 즉시, 즉각, 바로

La noche más lucida que el día 115

Satisfacción de los padres del Príncipe

Cuando la Reina se dio cuenta de lo sucedido miró al Rey y le dijo: "Creo que nuestro hijo ha encontrado a la mujer con la que pasará el resto de su vida."

Gramática

 En coreano

흐뭇한 왕자의 부모님

앞서 일어난 상황에 대해 느낀 왕비는 왕을 보며 말했습니다.

"아무래도 우리 왕자가 평생 함께 할 여자를 만난 듯 합니다."

 **Tip**

★ 스페인어에는 **시각적 행위를 표현하는 3가지 대표적 동사**가 있습니다.

바로 **ver / mirar / observar** 인데 세 동사 모두 조금씩 의미가 다릅니다.

1. ver 시각을 통해 받는 또는 감지하는 의미로 '보이다'의 성격이 강합니다.

2. mirar 사물 또는 사람에 시선을 돌려 '보다'의 성격이 강합니다.

3. observar 사물 또는 사람에 대해 유심히 관찰하는 의미로 '관찰하다, 지켜보다'의 성격을 가지고 있습니다.

Vocabulario

la **satisfacción** 만족

miró 동사 **mirar**(보다)의 단순과거 3인칭 단수

encontrado 동사 **encontrar**(찾아내다, 찾다, 우연히 만나다)의 과거분사

la **mujer** 여성, 여자

pasará 동사 **pasar**(지나가다, 통과시키다)의 미래 3인칭 단수

       (**pasar**는 시간적인 표현에 사용되면 "시간을 보내다"라는 의미로 사용)

el **resto** 나머지, 남은 부분

la **vida** 인생, 삶

Satisfacción de los padres del Príncipe   117

'Ding Dong', la alarma que señala la madianoche

De repente, la alarma de su celular comenzó a timbrar las doce campanadas. En ese mismo instante Cenicienta salió corriendo sin dar ninguna explicación al Príncipe.

Y al bajar apresuradamente las escaleras, dejó caer uno de sus zapatos.

Gramática

 En coreano

12시를 알리는 알람 '땡땡땡'

그 때 갑자기 핸드폰의 알람이 열두 번 울리기 시작했습니다. 그 순간 신데렐라는 왕자에게 아무런 설명도 없이 뛰쳐나갔습니다. 그리고 급하게 계단을 내려간 신데렐라는 구두 한 짝을 떨어뜨리고 말았죠.

De repente 갑자기, 별안간

유사한 표현으로 de golpe, repentinamente 등이 있습니다.

Vocabulario

el **reloj** 시계

el **reloj de pulsera** 손목시계

el **despertador** 괘종시계, 자명종

el **reloj de pared** 벽시계

'Ding Dong', la alarma que señala la madianoche 119

Cenicienta desencantada del hechizo

Apenas pudo llegar a tiempo a su casa, porque en el mismo instante todo volvió a ser como era antes.
El hechizo había desaparecido.

Gramática

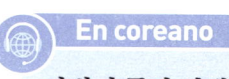 **En coreano**

마법이 풀린 신데렐라

신데렐라는 겨우 시간에 맞춰 집에 도착할 수 있었습니다. 집에 도착하자마자 마법이 풀려 모든 것이 예전처럼 돌아갔거든요.

Llegar a tiempo 시간에 맞춰 도착하다, 제시간에 도착하다

 **Vocabulario**

pudo 동사 **poder**(가능하다, 할 수 있다)의 단순과거 3인칭 단수

apenas 겨우

a tiempo 제시간에

mism@ 같은, 동일한, 똑같은

el **instante** 순간, 순식간, 눈 깜짝할 사이

volvió 동사 **volver**(돌아오다, 돌아가다)의 단순과거 3인칭 단수

el **hechizo** 주술, 주문

desaparecido 동사 **desaparecer**(사라지다, 없어지다)의 과거분사

Cenicienta desencantada del echizo 121

El conmocionado Príncipe Azul

Para la mañana siguiente todo el reino estaba en una conmoción muy grande. Todos se preguntaban: "¿Quién era esa hermosa joven y por qué había salido tan rápida y misteriosamente?"

 **En coreano**

충격에 빠진 백마 탄 왕자

다음 날 아침 온 왕국은 어마어마한 충격에 빠졌습니다. 사람들은 서로에게 물어봤습니다.

"그 아름다운 아가씨는 누구였지? 왜 그렇게 빨리 몰래 사라진 걸까?"

Gramática

Con el zapato de cristal el Príncipe
se dio a la tarea de encontrar
a la hermosa joven
que le había robado el corazón.

Dijo al Rey y la Reina
que se casaría con
la doncella al que el zapato
le calzara perfectamente.

> 🌐 **En coreano**
>
> 왕자는 남겨진 유리구두를 가지고 자신의 마음을 빼앗아버린 그 아름다운
> 아가씨를 찾는 일에 전념했습니다. 왕과 왕비에겐 구두가 완벽하게 맞는 아
> 가씨와 혼인을 할 것이라고 말했죠.

> **darse a ~** ~에 전념하다, 빠지다

▶ Dijo al Rey y la Reina que se casaría : 왕과 왕비에게 결혼할 것이라고 말했다.

→ 과거에서의 미래에 대한 표현은 가능법을 사용합니다!

 **Vocabulario**

se preguntaban 동사 **preguntarse**(자문하다, 서로에게 물어보다)의
불완료과거 3인칭 복수

misteriosamente 신비스럽게, 몰래, 비밀리에

la **tarea** 일, 업무, 임무, 숙제

robado 빼앗긴 (**robar**의 과거분사)

quitad@ 빼앗긴

calzara 동사 **calzar**(신발을 신다/신기다)의 접속법 불완료과거 1, 3인칭 단수

la **conmoción** (육체, 정신적) 충격

124 La Cenicienta

SILVIA SPANISH

Llegada del Príncipe a la casa de Cenicienta

El Príncipe salió en busca de la dueña de este zapato y recorrió todas las aldeas pero todo era en vano.

Por fin el séquito del Príncipe llegó a la casa donde Cenicienta vivía y aunque sus hermanas intentaron que el zapato les calzara perfectamente, nunca lo lograron.

Gramática

 **En coreano**

신데렐라 집에 도착한 왕자

왕자는 구두의 주인을 찾기 위해 온 마을을 돌아봤지만 성과가 없었습니다.
마침내 왕자의 수행원이 신데렐라가 살고 있는 집에 도착했고, 그녀의 새 언
니들은 구두가 그녀들에게 완벽하게 맞도록 애써봤지만 소용없었죠.

en busca de ~ ~을 찾아, ~을 찾으러

en vano 헛되이, 부질없이, 보람없이

Todo es en vano. 모든 것이 허사다.

Esperar en vano. 부질없이/헛되이 기다리다.

Trabajar en vano. 일한/수고한 보람이 없다.

Vocabulario

la **busca** 수색, 수사

la **búsqueda** 수색, 검색, 추구

el/la **dueño@** 주인, 소유자

recorrió 동사 **recorrer**(돌아다니다, 달리다)의 단순과거 3인칭 단수

van@ 헛된, 쓸모 없는, 허망한

el **séquito** 수행원

el/la **escolta** 경호원, 호위, 호송

lograron 동사 **lograr**(달성하다, 성취하다, 얻다)의 단순과거 3인칭 복수

conseguir 얻다, 획득하다, 달성하다

obtener 얻다, 획득하다, 입수하다

fracasar 실패하다, 틀어지다

perder 잃다, 분실하다, 놓치다, 지다

Llegada del Príncipe a la casa de Cenicienta 127

Finalmente ha sido encontrada la dueña del zapato de cristal

Los guardias preguntaron, si alguien más vivía en esta casa y la madrastra respondió que nadie más vivía aquí. Pero uno de los guardias vio a una joven que trabajaba en la cocina y en seguida se lo dijo al Príncipe. El Príncipe dio la orden de traerla de inmendiato.

Y enseguida ella estaba delenate de ellos.

Gramática

Cuando Cenicienta se calzó el zapato,
la madrastra y sus hermanastras
se pusieron furiosas al ver
que le quedaba
perfectamente.

En coreano

마침내 찾아낸 유리구두의 주인

경비대원들이 집에 사는 사람이 더 있는지 물어보자 계모는 없다고 대답했습니다. 하지만 경호원 주방에서 일하고 있는 한 아가씨를 보게 됐고 곧바로 왕자에게 알렸습니다. 이에 왕자는 당장 그녀를 데려오라고 명했고 곧바로 그녀는 사람들 앞에 서게 됐죠. 신데렐라가 구두를 신었을 때 계모와 새 언니들은 신데렐라에게 구두가 완벽하게 들어 맞는 것을 보고 분통을 터뜨렸습니다.

Finalmente ha sido encontrada la dueña del zapato de cristal 129

> ### quedar perfectamente = quedar perfecto
> (완벽하게, 잘) 들어맞다, 어울리다.

¡La cartera/el vestido/la zapatilla te queda perfecto!
핸드백이/ 드레스가/ 구두가 너한테 잘 어울리네!

Tip

★ 명사 orden은 **남성형과 여성형 두 가지**를 모두 쓰는데 뜻이 각기 다릅니다.
el orden은 '**순서, 순번**'을 의미하고 **la** orden은 '**명령, 지시**'를 뜻합니다.

La lista estaba escrita por (el) orden alfabético.
명단은 알파벳 순서로 쓰여져 있었다.

El soldado ha recibido la orden de disparar.
군인은 쏘라는 명령을 받았다.

※ Estar en orden: 잘 정리되어 있다, 이상이 없다

Vocabulario

alguien 어떤 사람, 누군가, 누가

el/la **guardia** 경비원, 감시, 경비, 경비대원

en seguida = enseguida 즉시, 바로

de inmediato = inmediatamente 즉시, 당장, 바로, 곧

furios@ 격노한, 미쳐 날뛰는, 광란의, 광포한

perfectamente 완벽하게, 완전하게, 결점없이, 잘

respondió 동사 **responder**(답하다, 대답하다)의 단순과거 3인칭 단수

contestar 답하다, 대답하다

nadie 아무도 (영어의 no one/nobody) ▶ 사람에게 해당

nada 아무 것(일)도 (영어의 nothing) ▶ 사물, 상황에 해당

delante 앞에, 정면에, 전면에

adelante 앞에, 앞으로, 전방에

detrás 뒤에, 뒤에서

atrás 뒤에

Finalmente ha sido encontrada la dueña del zapato de cristal 131

Final feliz

Inmediatamente el Príncipe recordó su cara y la llevó inmediatamente al palacio para casarse con ella y vivir felices para siempre.

Gramática

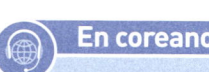 **En coreano**

행복한 결말

왕자는 바로 그녀의 얼굴을 기억했고 그녀와 혼인하기 위해 궁으로 데리고 가서 평생을 행복하게 살았습니다.

Tip

★ 많은 경우 **누군가의 얼굴을 알아봤을 때** reconocer(인정하다, 사람 또는 사물을 알아보다) 동사를 사용하기도 합니다.

Mi abuela no me reconoce por su enfermedad.

내 할머니께서는 질병으로 인해 날 알아보지 못하신다.

Los perros reconocen a sus dueños por el olor.

개들은 냄새로 자신들의 주인을 알아본다.

¡Ahora te recuerdo! / ¡Ahora te reconozco!

이제 널 알아보겠어!

Vocabulario

inmediatamente 즉시, 당장, 곧바로

recordó 동사 **recordar**(기억하다)의 단순과거 3인칭 단수

la **cara** 얼굴, 안면

llevó 동사 **llevar**(데리고 가다, 가져가다, 가져오다)의 단순과거 3인칭 단수

el **palacio** 궁, 왕궁

casarse 결혼하다

siempre 항상

para siempre 영원히

Final feliz 133

SILVIA SPANISH

Paso tres

**La Cenicienta
vocabulario de uso cotidiano**

최신 태블릿
**la tableta más moderna
el tablet último modelo**

개
**el perro
la perra**

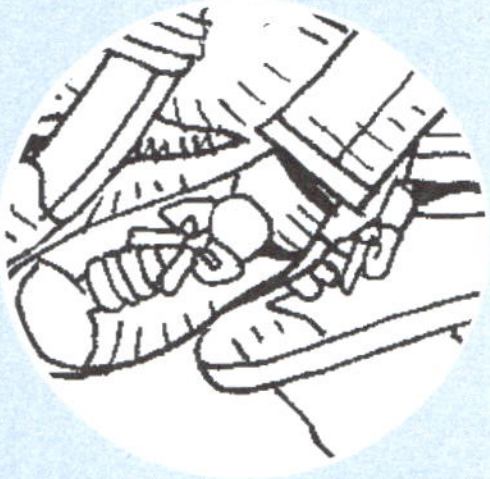

운동화
**las zapatillas
el zapato de deporte
ejercicios**

헤드셋
**el auricular
los auriculares**

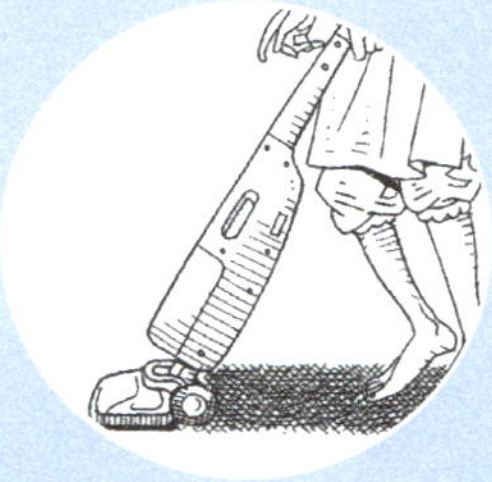

무선청소기
**la aspiradora
inalámbrica**

선물상자
la caja de regalo

텔레비젼
**la televisión
el televisor
la tele**

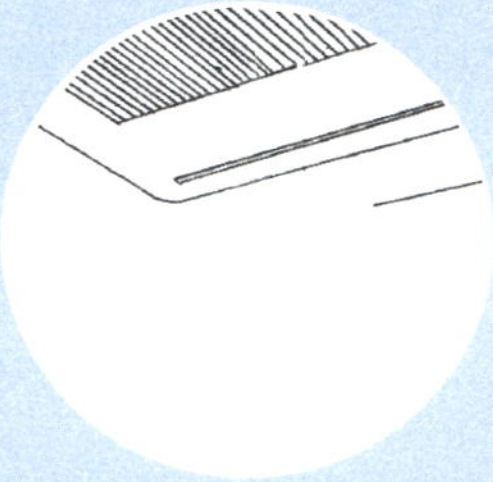

에어컨
el aire acondicionado

개껌
la goma para perro
개가 짖다
ladrar

136 La Cenicienta

조명(등)
la lámpara

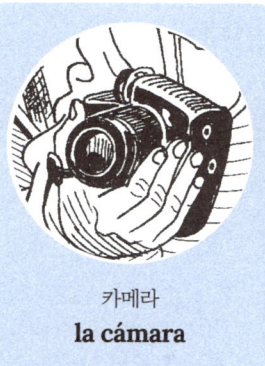

카메라
la cámara

선글라스
las gafas de sol

펜
**el lapicero
la lapicera
el bolígrafo**

자전거
la bicicleta

지각
**la tardanza
el retraso
llegar tarde**

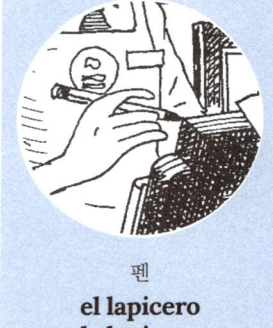

셔츠
la camisa
단추
el botón

e메일
el correo electrónico
@ 골뱅이
arroba

머리띠
**la vincha
la diadema**

vocabulario de uso cotidiano 137

빨래
la ropa para lavar
세탁하다, 빨래하다
lavar la ropa

접시
el plato

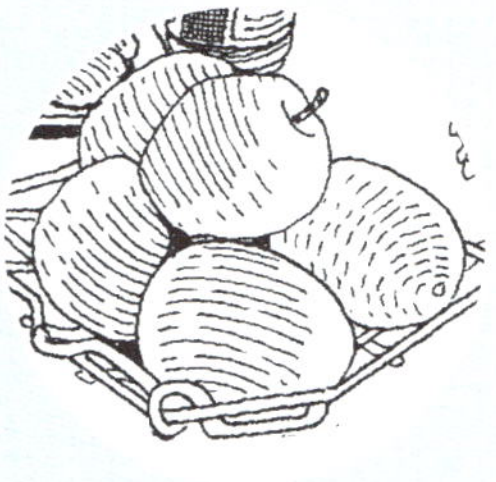

사과
la manzana
과일
la fruta

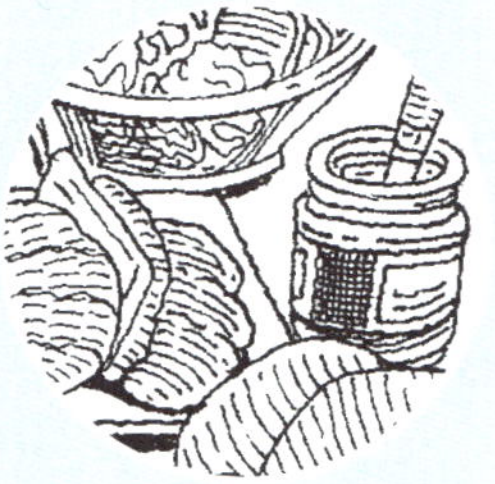

빵 **el pan**
잼 **la mermelada**
나이프 **el cuchillo**
포크 **el tenedor**

음식을 먹다
comer la comida

맛보다
probar

눈물이 터지다 **explotar en llanto**
휴지로 눈물을 닦다 **secar las lágrimas
con papel**

꽃병
**el vaso de flores
el florero
el jarrón**

138 La Cenicienta

물걸레
el paño mojado
닦다
limpiar

설거지
limpieza de los platos
고무장갑
los guantes de goma

땀흘리다
sudar
땀
el sudor

목걸이 **el collar**
귀걸이 **los aretes**
los aros

리본
la cinta
la moña

자동차
el coche
el auto

질투하다 **estar celos@**
부러워하다 **envidiar, tener envidia**
시샘을 느끼다 **sentir envidia**

자켓
la chaqueta/ el saco
아우터
el abrigo

vocabulario de uso cotidiano 139

원피스
el vestido
스타킹
las medias

바지
los pantalones
티셔츠
la camiseta

계단
la escalera
las escaleras

엄마아빠
mamá papá
인사
saludar, **el saludo**

신발 사이즈가 잘 맞다
los zapatos le quedan
exactos
el zapato le queda exacto

손으로 얼굴을 가리다
cubrirse la cara
con las manos

슬리퍼를 신다
ponerse las pantuflas

꼬질꼬질하다
estar sucio
추레하다
estar desaliñad@
estar desasead@

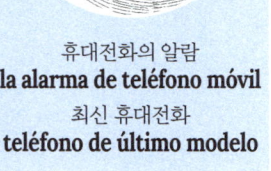

휴대전화의 알람
la alarma de teléfono móvil
최신 휴대전화
teléfono de último modelo

140 La Cenicienta

전화통화
llamada telefónica

팔짱
cruzar los brazos
안경
las gafas

파마머리
el cabello permanente

무릎을 꿇다
arrodillarse
무릎
la rodilla

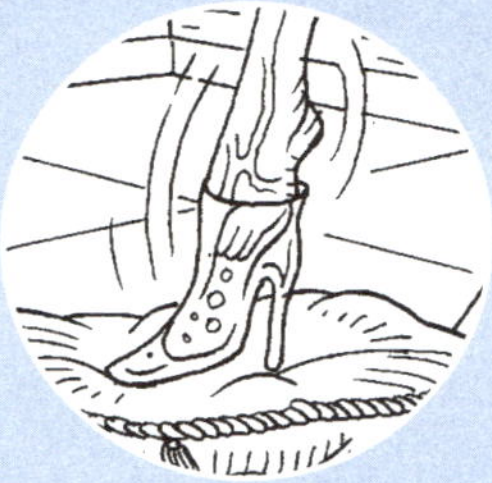

신발을 신어보다
ponerse los zapatos

손사래를 치다
agitar la mano

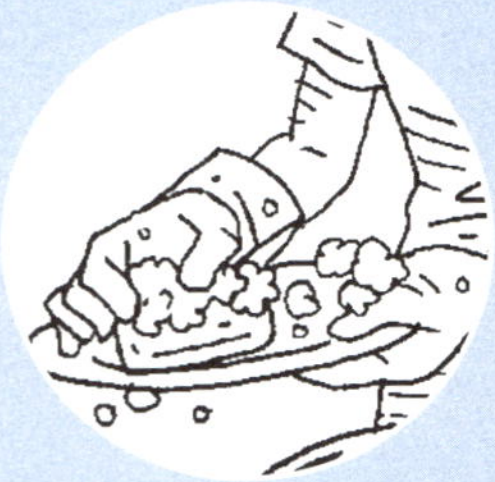

수세미
la esponja
세제거품
el detergente en espuma

얼굴의 점
el punto de la cara

살이 찌다
engordar
뚱뚱한
gordo@

vocabulario de uso cotidiano 141

컵라면 **fideos instantáneos en vaso**
삼각김밥 **Kimbap triangular**
          pastel de arroz triangular
빨대 **caña/sorbete** 컵 **el vaso** 물컵 **la taza**
젓가락 **palillos (utensilio para poder comer)**

골프장갑 **los guantes de golf**
골프채 **los palos de golf**
모자에 선글라스를 걸치다. **usar gafas de sol en el sombrero.**

142 La Cenicienta

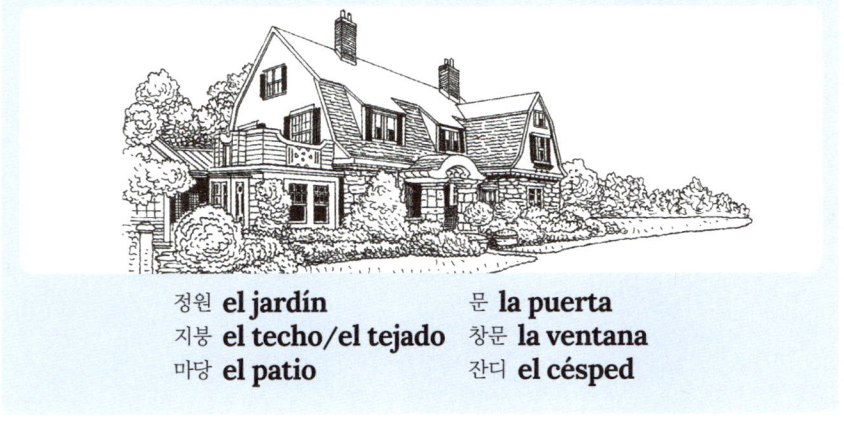

가방 **el bolso**
구두 **los zapatos**
의자 **la silla**
옷장 **el ropero, la guardarropa**
옷걸이 **la percha, el perchero**

정원 **el jardín**   문 **la puerta**
지붕 **el techo/el tejado**   창문 **la ventana**
마당 **el patio**   잔디 **el césped**

vocabulario de uso cotidiano 143

춤추다 **bailar** 댄스 **la danza**
몸을 흔들다 **sacudir(mover) el cuerpo**
노래하다 **cantar**

건배
¡arriba, abajo, al centro, pa' dentro! (pa'는 para 의 축약형)

신난 **entusiasmad@**
사람들과 어울리다 **caer bien a la gente**
　　　　　　　llevarse bien con las personas
놀다 **divertirse**

144　La Cenicienta

Paso cuatro

La Cenicienta
Explicar y Escribir con sus palabras

146 La Cenicienta

Tengo que ir más rápido...
porque ya es tarde.

Explicar y Escribir con sus palabras 147

148 La Cenicienta

Explicar y Escribir con sus palabras 149

150 La Cenicienta

Explicar y Escribir con sus palabras 151

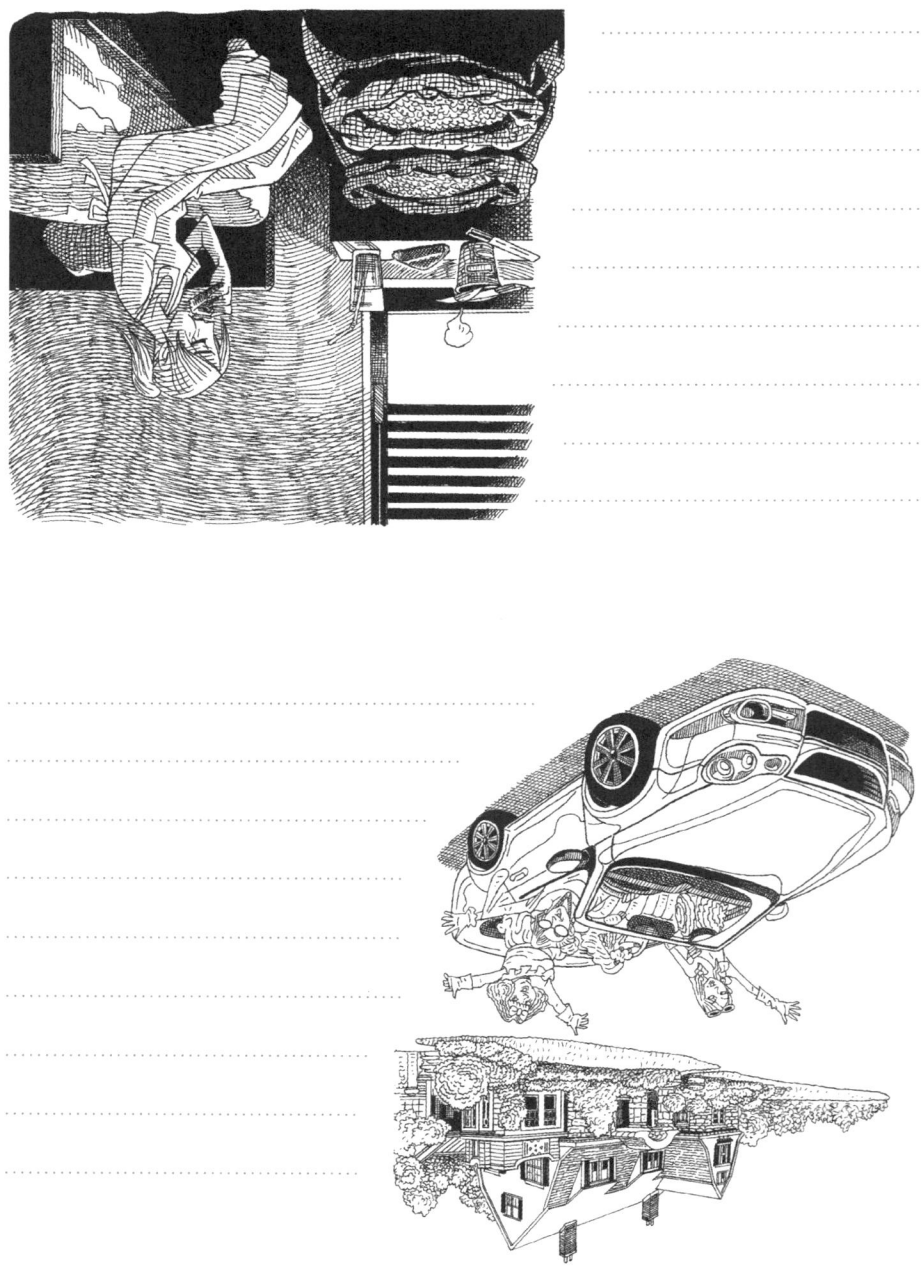

152 La Cenicienta

Explicar y Escribir con sus palabras 153

154 La Cenicienta

Explicar y Escribir con sus palabras 155

156 La Cenicienta

Explicar y Escribir con sus palabras 157

158 La Cenicienta

Explicar y Escribir con sus palabras 159

....
....
....
....
....
....

....
....

....
....
....
....
....
....
....

160 La Cenicienta

Explicar y Escribir con sus palabras 161

162 La Cenicienta

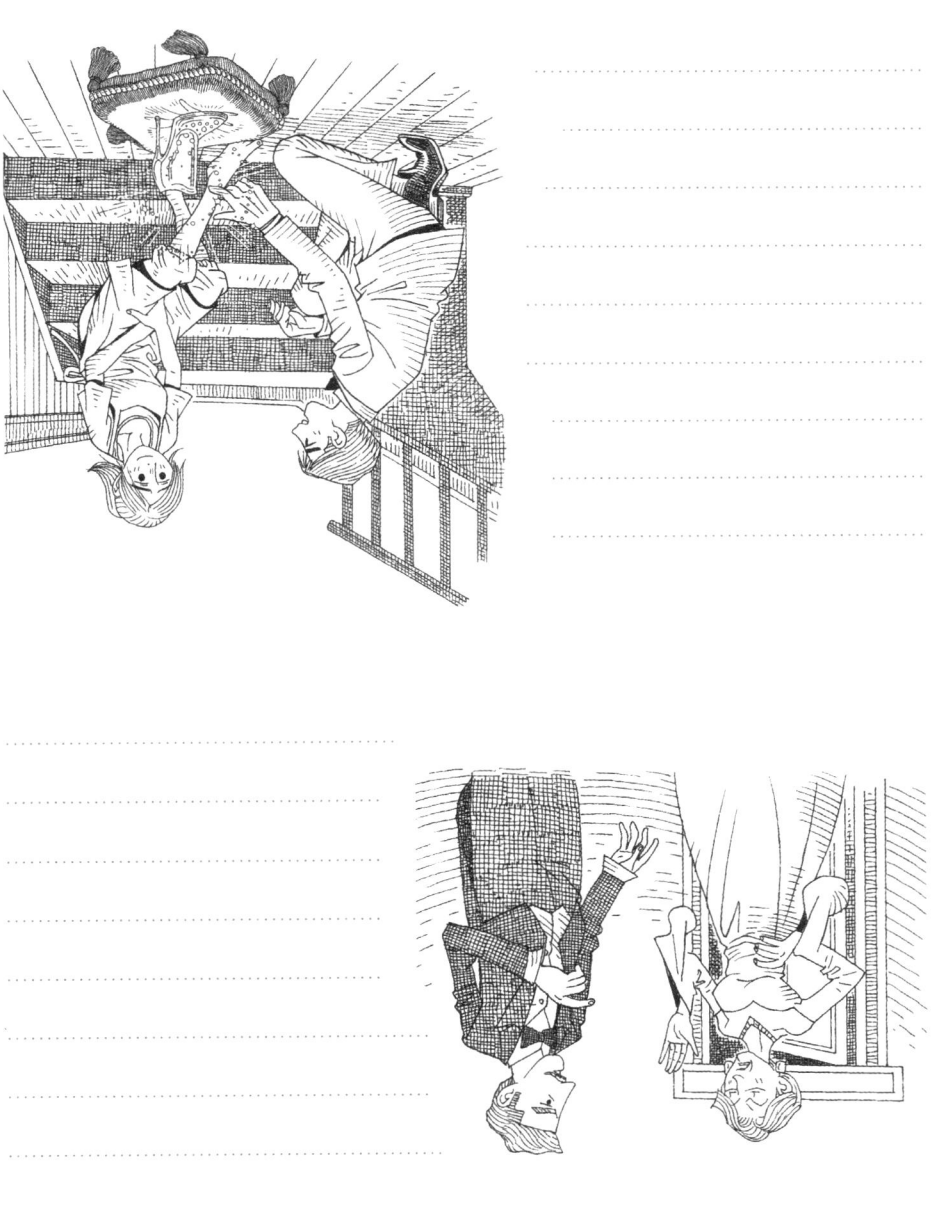

Explicar y Escribir con sus palabras 163

Paso cinco

Los verbos
de La Cenicienta

		직설법			
	현재	단순과거	불완료과거	가능법	미래
abrazar 포옹하다	abrazo	abracé	abrazaba	abrazaría	abrazaré
	abrazas	abrazaste	abrazabas	abrazarías	abrazarás
	abraza	abrazó	abrazaba	abrazaría	abrazará
	abrazamos	abrazamos	abrazábamos	abrazaríamos	abrazaremos
	abrazáis	abrazasteis	abrazabais	abrazaríais	abrazaréis
	abrazan	abrazaron	abrazaban	abrazarían	abrazarán
agitar 흔들다	agito	agité	agitaba	agitaría	agitaré
	agitas	agitaste	agitabas	agitarías	agitarás
	agita	agitó	agitaba	agitaría	agitará
	agitamos	agitamos	agitábamos	agitaríamos	agitaremos
	agitáis	agitasteis	agitabais	agitaríais	agitaréis
	agitan	agitaron	agitaban	agitarían	agitarán
aparecer 나타나다	aparezco	aparecí	aparecía	aparecería	apareceré
	apareces	apareciste	aparecías	aparecerías	aparecerás
	aparece	apareció	aparecía	aparecería	aparecerá
	aparecemos	aparecimos	aparecíamos	apareceríamos	apareceremos
	aparecéis	aparecisteis	aparecíais	apareceríais	apareceréis
	aparecen	aparecieron	aparecían	aparecerían	aparecerán
apurarse 서두르다	me apuro	me apuré	me apuraba	me apuraría	me apuraré
	te apuras	te apuraste	te apurabas	te apurarías	te apurarás
	se apura	se apuró	se apuraba	se apuraría	se apurará
	nos apuramos	nos apuramos	nos apurábamos	nos apuraríamos	nos apuraremos
	os apuráis	os apurasteis	os apurabais	os apuraríais	os apuraréis
	se apuran	se apuraron	se apuraban	se apurarían	se apurarán

접속법			
현재	불완료과거 I	불완료과거 II	미래
abrace	abrazara	abrazase	abrazare
abraces	abrazaras	abrazases	abrazares
abrace	abrazara	abrazase	abrazare
abracemos	abrazáramos	abrazásemos	abrazáremos
abracéis	abrazarais	abrazaseis	abrazareis
abracen	abrazaran	abrazasen	abrazaren
agite	agitara	agitase	agitare
agites	agitaras	agitases	agitares
agite	agitara	agitase	agitare
agitemos	agitáramos	agitásemos	agitáremos
agitéis	agitarais	agitaseis	agitareis
agiten	agitaran	agitasen	agitaren
aparezca	apareciera	apareciese	apareciere
aparezcas	aparecieras	aparecieses	aparecieres
aparezca	apareciera	apareciese	apareciere
aparezcamos	apareciéramos	apareciésemos	apareciéremos
aparezcáis	aparecierais	aparecieseis	apareciereis
aparezcan	aparecieran	apareciesen	aparecieren
me apure	me apurara	me apurase	me apurare
te apures	te apuraras	te apurases	te apurares
se apure	se apurara	se apurase	se apurare
nos apuremos	nos apuráramos	nos apurásemos	nos apuráremos
os apuréis	os apurarais	os apuraseis	os apurareis
se apuren	se apuraran	se apurasen	se apuraren

Los verbos 167

	직설법				
	현재	단순과거	불완료과거	가능법	미래
bajar 내리다	bajo	bajé	bajaba	bajaría	bajaré
	bajas	bajaste	bajabas	bajarías	bajarás
	baja	bajó	bajaba	bajaría	bajará
	bajamos	bajamos	bajábamos	bajaríamos	bajaremos
	bajáis	bajasteis	bajabais	bajaríais	bajaréis
	bajan	bajaron	bajaban	bajarían	bajarán
barrer 청소하다	barro	barrí	barría	barrería	barreré
	barres	barriste	barrías	barrerías	barrerás
	barre	barrió	barría	barrería	barrerá
	barremos	barrimos	barríamos	barreríamos	barreremos
	barréis	barristeis	barríais	barreríais	barreréis
	barren	barrieron	barrían	barrerían	barrerán
caer 떨어지다	caigo	caí	caía	caería	caeré
	caes	caiste	caías	caerías	caerás
	cae	cayó	caía	caería	caerá
	caemos	caimos	caíamos	caeríamos	caeremos
	caéis	caisteis	caíais	caeríais	caeréis
	caen	cayeron	caían	caerían	caerán
calzar (구두 등을) 신다	calzo	calcé	calzaba	calzaría	calzaré
	calzas	calzaste	calzabas	calzarías	calzarás
	calza	calzó	calzaba	calzaría	calzará
	calzamos	calzamos	calzábamos	calzaríamos	calzaremos
	calzáis	calzasteis	calzabais	calzaríais	calzaréis
	calzan	calzaron	calzaban	calzarían	calzarán

접속법			
현재	불완료과거 I	불완료과거 II	미래
baje	bajara	bajase	bajare
bajes	bajaras	bajases	bajares
baje	bajara	bajase	bajare
bajemos	bajáramos	bajásemos	bajáremos
bajéis	bajarais	bajaseis	bajareis
bajen	bajaran	bajasen	bajaren
barra	barriera	barriese	barriere
barras	barrieras	barrieses	barrieres
barra	barriera	barriese	barriere
barramos	barriéramos	barriésemos	barriéremos
barráis	barrierais	barrieseis	barriereis
barran	barrieran	barriesen	barrieren
caiga	cayera	cayese	cayere
caigas	cayeras	cayeses	cayeres
caiga	cayera	cayese	cayere
caigamos	cayéramos	cayésemos	cayéremos
caigáis	cayerais	cayeseis	cayereis
caigan	cayeran	cayesen	cayeren
calce	calzara	calzase	calzare
calces	calzaras	calzases	calzares
calce	calzara	calzase	calzare
calcemos	calzáramos	calzásemos	calzáremos
calcéis	calzarais	calzaseis	calzareis
calcen	calzaran	calzasen	calzaren

Los verbos 169

	직설법				
	현재	단순과거	불완료과거	가능법	미래
casarse 결혼하다	me caso	me casé	me casaba	me casaría	me casaré
	te casas	te casaste	te casabas	te casarías	te casarás
	se casa	se casó	se casaba	se casaría	se casará
	nos casamos	nos casamos	nos casábamos	nos casaríamos	nos casaremos
	os casáis	os casasteis	os casabais	os casaríais	os casaréis
	se casan	se casaron	se casaban	se casarían	se casarán
celebrar 축하하다	celebro	celebré	celebraba	celebraría	celebraré
	celebras	celebraste	celebrabas	celebrarías	celebrarás
	celebra	celebró	celebraba	celebraría	celebrará
	celebramos	celebramos	celebrábamos	celebraríamos	celebraremos
	celebráis	celebrasteis	celebrabais	celebraríais	celebraréis
	celebran	celebraron	celebraban	celebrarían	celebrarán
comenzar 시작하다	comienzo	comencé	comenzaba	comenzaría	comenzaré
	comienzas	comenzaste	comenzabas	comenzarías	comenzarás
	comienza	comenzó	comenzaba	comenzaría	comenzará
	comenzamos	comenzamos	comenzábamos	comenzaríamos	comenzaremos
	comenzáis	comenzasteis	comenzabais	comenzaríais	comenzaréis
	comienzan	comenzaron	comenzaban	comenzarían	comenzarán
comer 먹다	como	comí	comía	comería	comeré
	comes	comiste	comías	comerías	comerás
	come	comió	comía	comería	comerá
	comemos	comimos	comíamos	comeríamos	comeremos
	coméis	comisteis	comíais	comeríais	comeréis
	comen	comieron	comían	comerían	comerán

접속법			
현재	불완료과거 I	불완료과거 II	미래
me case	me casara	me casase	me casare
te cases	te casaras	te casases	te casares
se case	se casara	se casase	se casare
nos casemos	nos casáramos	nos casásemos	nos casáremos
os caséis	os casarais	os casaseis	os casareis
se casen	se casaran	se casasen	se casaren
celebre	celebrara	celebrase	celebrare
celebres	celebraras	celebrases	celebrares
celebre	celebrara	celebrase	celebrare
celebremos	celebráramos	celebrásemos	celebráremos
celebréis	celebrarais	celebraseis	celebrareis
celebren	celebraran	celebrasen	celebraren
comience	comenzara	comenzase	comenzare
comiences	comenzaras	comenzases	comenzares
comience	comenzara	comenzase	comenzare
comencemos	comenzáramos	comenzásemos	comenzáremos
comencéis	comenzarais	comenzaseis	comenzareis
comiencen	comenzaran	comenzasen	comenzaren
coma	comiera	comiese	comiere
comas	comieras	comieses	comieres
coma	comiera	comiese	comiere
comamos	comiéramos	comiésemos	comiéremos
comáis	comierais	comieseis	comiereis
coman	comieran	comiesen	comieren

Los verbos 171

	직설법				
	현재	단순과거	불완료과거	가능법	미래
convertir 바꾸다	convierto	convertí	convertía	convertiría	convertiré
	conviertes	convertiste	convertías	convertirías	convertirás
	convierte	convirtió	convertía	convertiría	convertirá
	convertimos	convertimos	convertíamos	convertiríamos	convertiremos
	convertís	convertisteis	convertíais	convertiríais	convertiréis
	convierten	convirtieron	convertían	convertirían	convertirán
correr 뛰다	corro	corrí	corría	correría	correré
	corres	corriste	corrías	correrías	correrás
	corre	corrió	corría	correría	correrá
	corremos	corrimos	corríamos	correríamos	correremos
	corréis	corristeis	corríais	correríais	correréis
	corren	corrieron	corrían	correrían	correrán
creer 믿다	creo	creí	creía	creería	creeré
	crees	creiste	creías	creerías	creerás
	cree	creyó	creía	creería	creerá
	creemos	creimos	creíamos	creeríamos	creeremos
	creéis	creisteis	creíais	creeríais	creeréis
	creen	creyeron	creían	creerían	creerán
dar 주다	doy	di	daba	daría	daré
	das	diste	dabas	darías	darás
	da	dio	daba	daría	dará
	damos	dimos	dábamos	daríamos	daremos
	dais	disteis	dabais	daríais	daréis
	dan	dieron	daban	darían	darán

172 La Cenicienta

접속법			
현재	불완료과거 I	불완료과거 II	미래
convierta	convirtiera	convirtiese	convirtiere
conviertas	convirtieras	convirtieses	convirtieres
convierta	convirtiera	convirtiese	convirtiere
convirtamos	convirtiéramos	convirtiésemos	convirtiéremos
convirtáis	convirtierais	convirtieseis	convirtiereis
conviertan	convirtieran	convirtiesen	convirtieren
corra	corriera	corriese	corriere
corras	corrieras	corrieses	corrieres
corra	corriera	corriese	corriere
corramos	corriéramos	corriésemos	corriéremos
corráis	corrierais	corrieseis	corriereis
corran	corrieran	corriesen	corrieren
crea	creyera	creyese	creyere
creas	creyeras	creyeses	creyeres
crea	creyera	creyese	creyere
creamos	creyéramos	creyésemos	creyéremos
creáis	creyerais	creyeseis	creyereis
crean	creyeran	creyesen	creyeren
dé	diera	diese	diere
des	dieras	dieses	dieres
dé	diera	diese	diere
demos	diéramos	diésemos	diéremos
deis	dierais	dieseis	diereis
den	dieran	diesen	dieren

Los verbos 173

기본형	현재	단순과거	불완료과거	가능법	미래
deber ~해야 한다 ~임이 틀림없다	debo	debí	debía	debería	deberé
	debes	debiste	debías	deberías	deberás
	debe	debió	debía	debería	deberá
	debemos	debimos	debíamos	deberíamos	deberemos
	debéis	debisteis	debíais	deberíais	deberéis
	deben	debieron	debían	deberían	deberán
decir 말하다	digo	dije	decía	diría	diré
	dices	dijiste	decías	dirías	dirás
	dice	dijo	decía	diría	dirá
	decimos	dijimos	decíamos	diríamos	diremos
	decís	dijisteis	decíais	diríais	diréis
	dicen	dijeron	decían	dirían	dirán
dejar 놓아두다	dejo	dejé	dejaba	dejaría	dejaré
	dejas	dejaste	dejabas	dejarías	dejarás
	deja	dejó	dejaba	dejaría	dejará
	dejamos	dejamos	dejábamos	dejaríamos	dejaremos
	dejáis	dejasteis	dejabais	dejaríais	dejaréis
	dejan	dejaron	dejaban	dejarían	dejarán
desaparecer 사라지다	desaparezco	desaparecí	desaparecía	desaparecería	desapareceré
	desapareces	desapareciste	desaparecías	desaparecerías	desaparecerás
	desaparece	desapareció	desaparecía	desaparecería	desaparecerá
	desaparecemos	desaparecimos	desaparecíamos	desapareceríamos	desapareceremos
	desaparecéis	desaparecisteis	desaparecíais	desapareceríais	desapareceréis
	desaparecen	desaparecieron	desaparecían	desaparecerían	desaparecerán

접속법			
현재	불완료과거 I	불완료과거 II	미래
deba	debiera	debiese	debiere
debas	debieras	debieses	debieres
deba	debiera	debiese	debiere
debamos	debiéramos	debiésemos	debiéremos
debáis	debierais	debieseis	debiereis
deban	debieran	debiesen	debieren
diga	dijera	dijese	dijere
digas	dijeras	dijeses	dijeres
diga	dijera	dijese	dijere
digamos	dijéramos	dijésemos	dijéremos
digáis	dijerais	dijeseis	dijereis
digan	dijeran	dijesen	dijeren
deje	dejara	dejase	dejare
dejes	dejaras	dejases	dejares
deje	dejara	dejase	dejare
dejemos	dejáramos	dejásemos	dejáremos
dejéis	dejarais	dejaseis	dejareis
dejen	dejaran	dejasen	dejaren
desaparezca	desapareciera	desapareciese	desapareciere
desaparezcas	desaparecieras	desaparecieses	desaparecieres
desaparezca	desapareciera	desapareciese	desapareciere
desaparezcamos	desapareciéramos	desapareciésemos	desapareciéremos
desaparezcáis	desaparecierais	desapareciesesis	desapareciereis
desaparezcan	desaparecieran	desapareciesen	desaparecieren

	직설법				
	현재	단순과거	불완료과거	가능법	미래
dirigirse ~로 향하다	me dirijo	me dirigí	me dirigía	me dirigiría	me dirigiré
	te diriges	te dirigiste	te dirigías	te dirigirías	te dirigirás
	se dirige	se dirigió	se dirigía	se dirigiría	se dirigirá
	nos dirigimos	nos dirigimos	nos dirigíamos	nos dirigiríamos	nos dirigiremos
	os dirigís	os dirigisteis	os dirigíais	os dirigiríais	os dirigiréis
	se dirigen	se dirigieron	se dirigían	se dirigirían	se dirigirán
disfrutar 즐기다	disfruto	disfruté	disfrutaba	disfrutaría	disfrutaré
	disfrutas	disfrutaste	disfrutabas	disfrutarías	disfrutarás
	disfruta	disfrutó	disfrutaba	disfrutaría	disfrutará
	disfrutamos	disfrutamos	disfrutábamos	disfrutaríamos	disfrutaremos
	disfrutáis	disfrutasteis	disfrutabais	disfrutaríais	disfrutaréis
	disfrutan	disfrutaron	disfrutaban	disfrutarían	disfrutarán
echarse 갑자기 ~하기 시작하다	me echo	me eché	me echaba	me echaría	me echaré
	te echas	te echaste	te echabas	te echarías	te echarás
	se echa	se echó	se echaba	se echaría	se echará
	nos echamos	nos echamos	nos echábamos	nos echaríamos	nos echaremos
	os echáis	os echasteis	os echabais	os echaríais	os echaréis
	se echan	se echaron	se echaban	se echarían	se echarán
enamorarse (누구에게) 반하다	me enamoro	me enamoré	me enamoraba	me enamoraría	me enamoraré
	te enamoras	te enamoraste	te enamorabas	te enamorarías	te enamorarás
	se enamora	se enamoró	se enamoraba	se enamoraría	se enamorará
	nos enamoramos	nos enamoramos	nos enamorábamos	nos enamoraríamos	nos enamoraremos
	os enamoráis	os enamorasteis	os enamorabais	os enamoraríais	os enamoraréis
	se enamoran	se enamoraron	se enamoraban	se enamorarían	se enamorarán

접속법			
현재	불완료과거 I	불완료과거 II	미래
me dirija	me dirigiera	me dirigiese	me dirigiere
te dirijas	te dirigieras	te dirigieses	te dirigieres
se dirija	se dirigiera	se dirigiese	se dirigiere
nos dirijamos	nos dirigiéramos	nos dirigiésemos	nos dirigiéremos
os dirijáis	os dirigierais	os dirigieseis	os dirigiereis
se dirijan	se dirigieran	se dirigiesen	se dirigieren
disfrute	disfrutara	disfrutase	disfrutare
disfrutes	disfrutaras	disfrutases	disfrutares
disfrute	disfrutara	disfrutase	disfrutare
disfrutemos	disfrutáramos	disfrutásemos	disfrutáremos
disfrutéis	disfrutarais	disfrutaseis	disfrutareis
disfruten	disfrutaran	disfrutasen	disfrutaren
me eche	me echara	me echase	me echare
te eches	te echaras	te echases	te echares
se eche	se echara	se echase	se echare
nos echemos	nos echáramos	nos echásemos	nos echáremos
os echéis	os echarais	os echaseis	os echareis
se echen	se echaran	se echasen	se echaren
me enamore	me enamorara	me enamorase	me enamorare
te enamores	te enamoraras	te enamorases	te enamorares
se enamore	se enamorara	se enamorase	se enamorare
nos enamoremos	nos enamoráramos	nos enamorásemos	nos enamoráremos
os enamoréis	os enamorarais	os enamoraseis	os enamorareis
se enamoren	se enamoraran	se enamorasen	se enamoraren

Los verbos 177

	직설법				
	현재	단순과거	불완료과거	가능법	미래
encontrar 찾다	encuentro	encontré	encontraba	encontraría	encontraré
	encuentras	encontraste	encontrabas	encontrarías	encontrarás
	encuentra	encontró	encontraba	encontraría	encontrará
	encontramos	encontramos	encontrábamos	encontraríamos	encontraremos
	encontráis	encontrasteis	encontrabais	encontraríais	encontraréis
	encuentran	encontraron	encontraban	encontrarían	encontrarán
entrar 들어가다	entro	entré	entraba	entraría	entraré
	entras	entraste	entrabas	entrarías	entrarás
	entra	entró	entraba	entraría	entrará
	entramos	entramos	entrábamos	entraríamos	entraremos
	entráis	entrasteis	entrabais	entraríais	entraréis
	entran	entraron	entraban	entrarían	entrarán
enviar 보내다	envío	envié	enviaba	enviaría	enviaré
	envías	enviaste	enviabas	enviarías	enviarás
	envía	envió	enviaba	enviaría	enviará
	enviamos	enviamos	enviábamos	enviaríamos	enviaremos
	enviáis	enviasteis	enviabais	enviaríais	enviaréis
	envían	enviaron	enviaban	enviarían	enviarán
estar ~이다, 있다	estoy	estuve	estaba	estaría	estaré
	estás	estuviste	estabas	estarías	estarás
	está	estuvo	estaba	estaría	estará
	estamos	estuvimos	estábamos	estaríamos	estaremos
	estáis	estuvisteis	estabais	estaríais	estaréis
	están	estuvieron	estaban	estarían	estarán

접속법			
현재	불완료과거 I	불완료과거 II	미래
encuentre	encontrara	encontrase	encontrare
encuentres	encontraras	encontrases	encontrares
encuentre	encontrara	encontrase	encontrare
encontremos	encontráramos	encontrásemos	encontráremos
encontréis	encontrarais	encontraseis	encontrareis
encuentren	encontraran	encontrasen	encontraren
entre	entrara	entrase	entrare
entres	entraras	entrases	entrares
entre	entrara	entrase	entrare
entremos	entráramos	entrásemos	entráremos
entréis	entrarais	entraseis	entrareis
entren	entraran	entrasen	entraren
envíe	enviara	enviase	enviare
envíes	enviaras	enviases	enviares
envíe	enviara	enviase	enviare
enviemos	enviáramos	enviásemos	enviáremos
enviéis	enviarais	enviaseis	enviareis
envíen	enviaran	enviasen	enviaren
esté	estuviera	estuviese	estuviere
estés	estuvieras	estuvieses	estuvieres
esté	estuviera	estuviese	estuviere
estemos	estuviéramos	estuviésemos	estuviéremos
estéis	estuvierais	estuvieseis	estuviereis
estén	estuvieran	estuviesen	estuvieren

Los verbos 179

	직설법				
	현재	단순과거	불완료과거	가능법	미래
extender 펴다, 펼치다	extiendo	extendí	extendía	extendería	extenderé
	extiendes	extendiste	extendías	extenderías	extenderás
	extiende	extendió	extendía	extendería	extenderá
	extendemos	extendimos	extendíamos	extenderíamos	extenderemos
	extendéis	extendisteis	extendíais	extenderíais	extenderéis
	extienden	extendieron	extendían	extenderían	extenderán
fijarse 고정하다 집중하다	me fijo	me fijé	me fijaba	me fijaría	me fijaré
	te fijas	te fijaste	te fijabas	te fijarías	te fijarás
	se fija	se fijó	se fijaba	se fijaría	se fijará
	nos fijamos	nos fijamos	nos fijábamos	nos fijaríamos	nos fijaremos
	os fijáis	os fijasteis	os fijabais	os fijaríais	os fijaréis
	se fijan	se fijaron	se fijaban	se fijarían	se fijarán
haber	he	hube	había	habría	habré
	has	hubiste	habías	habrías	habrás
	ha,hay	hubo	había	habría	habrá
	hemos	hubimos	habíamos	habríamos	habremos
	habéis	hubisteis	habíais	habríais	habréis
	han	hubieron	habían	habrían	habrán
hacer 하다, 만들다	hago	hice	hacía	haría	haré
	haces	hiciste	hacías	harías	harás
	hace	hizo	hacía	haría	hará
	hacemos	hicimos	hacíamos	haríamos	haremos
	hacéis	hicisteis	hacíais	haríais	haréis
	hacen	hicieron	hacían	harían	harán

접속법			
현재	불완료과거 I	불완료과거 II	미래
extienda	extendiera	extendiese	extendiere
extiendas	extendieras	extendieses	extendieres
extienda	extendiera	extendiese	extendiere
extendamos	extendiéramos	extendiésemos	extendiéremos
extendáis	extendierais	extendieseis	extendiereis
extiendan	extendieran	extendiesen	extendieren
me fije	me fijara	me fijase	me fijare
te fijes	te fijaras	te fijases	te fijares
se fije	se fijara	se fijase	se fijare
nos fijemos	nos fijáramos	nos fijásemos	nos fijáremos
os fijéis	os fijarais	os fijaseis	os fijareis
se fijen	se fijaran	se fijasen	se fijaren
haya	hubiera	hubiese	hubiere
hayas	hubieras	hubieses	hubieres
haya	hubiera	hubiese	hubiere
hayamos	hubiéramos	hubiésemos	hubiéremos
hayáis	hubierais	hubieseis	hubiereis
hayan	hubieran	hubiesen	hubieren
haga	hiciera	hiciese	hiciere
hagas	hicieras	hicieses	hicieres
haga	hiciera	hiciese	hiciere
hagamos	hiciéramos	hiciésemos	hiciéremos
hagáis	hicierais	hicieseis	hiciereis
hagan	hicieran	hiciesen	hicieren

Los verbos 181

		직설법			
	현재	단순과거	불완료과거	가능법	미래
intentar 의도하다	intento	intenté	intentaba	intentaría	intentaré
	intentas	intentaste	intentabas	intentarías	intentarás
	intenta	intentó	intentaba	intentaría	intentará
	intentamos	intentamos	intentábamos	intentaríamos	intentaremos
	intentáis	intentasteis	intentabais	intentaríais	intentaréis
	intentan	intentaron	intentaban	intentarían	intentarán
ir 가다	voy	fui	iba	iría	iré
	vas	fuiste	ibas	irías	irás
	va	fue	iba	iría	irá
	vamos	fuimos	íbamos	iríamos	iremos
	vais	fuisteis	ibais	iríais	iréis
	van	fueron	iban	irían	irán
lavar 씻다	lavo	lavé	lavaba	lavaría	lavaré
	lavas	lavaste	lavabas	lavarías	lavarás
	lava	lavó	lavaba	lavaría	lavará
	lavamos	lavamos	lavábamos	lavaríamos	lavaremos
	laváis	lavasteis	lavabais	lavaríais	lavaréis
	lavan	lavaron	lavaban	lavarían	lavarán
limpiar 씻다, 청소하다	limpio	limpié	limpiaba	limpiaría	limpiaré
	limpias	limpiaste	limpiabas	limpiarías	limpiarás
	limpia	limpió	limpiaba	limpiaría	limpiará
	limpiamos	limpiamos	limpiábamos	limpiaríamos	limpiaremos
	limpiáis	limpiasteis	limpiabais	limpiaríais	limpiaréis
	limpian	limpiaron	limpiaban	limpiarían	limpiarán

182 La Cenicienta

접속법				
	현재	불완료과거 I	불완료과거 II	미래
intente	intentara	intentase	intentare
intentes	intentaras	intentases	intentares
intente	intentara	intentase	intentare
intentemos	intentáramos	intentásemos	intentáremos
intentéis	intentarais	intentaseis	intentareis
intenten	intentaran	intentasen	intentaren
vaya	fuera	fuese	fuere
vayas	fueras	fueses	fueres
vaya	fuera	fuese	fuere
vayamos	fuéramos	fuésemos	fuéremos
vayáis	fuerais	fueseis	fuereis
vayan	fueran	fuesen	fueren
lave	lavara	lavase	lavare
laves	lavaras	lavases	lavares
lave	lavara	lavase	lavare
lavemos	laváramos	lavásemos	laváremos
lavéis	lavarais	lavaseis	lavareis
laven	lavaran	lavasen	lavaren
limpie	limpiara	limpiase	limpiare
limpies	limpiaras	limpiases	limpiares
limpie	limpiara	limpiase	limpiare
limpiemos	limpiáramos	limpiásemos	limpiáremos
limpiéis	limpiarais	limpiaseis	limpiareis
limpien	limpiaran	limpiasen	limpiaren

184 La Cenicienta

기본형					
	현재	단순과거	불완료과거	가능법	미래
llamar 부르다	llamo llamas llama llamamos llamáis llaman	llamé llamaste llamó llamamos llamasteis llamaron	llamaba llamabas llamaba llamábamos llamabais llamaban	llamaría llamarías llamaría llamaríamos llamaríais llamarían	llamaré llamarás llamará llamaremos llamaréis llamarán
llegar 도착하다	llego llegas llega llegamos llegáis llegan	llegué llegaste llegó llegamos llegasteis llegaron	llegaba llegabas llegaba llegábamos llegabais llegaban	llegaría llegarías llegaría llegaríamos llegaríais llegarían	llegaré llegarás llegará llegaremos llegaréis llegarán
llevar 가지고 가다 데리고 가다	llevo llevas lleva llevamos lleváis llevan	llevé llevaste llevó llevamos llevasteis llevaron	llevaba llevabas llevaba llevábamos llevabais llevaban	llevaría llevarías llevaría llevaríamos llevaríais llevarían	llevaré llevarás llevará llevaremos llevaréis llevarán
llorar 울다	lloro lloras llora lloramos lloráis lloran	lloré lloraste lloró lloramos llorasteis lloraron	lloraba llorabas lloraba llorábamos llorabais lloraban	lloraría llorarías lloraría lloraríamos llorarías llorarían	lloraré llorarás llorará lloraremos lloraréis llorarán

접속법

현재	불완료과거 I	불완료과거 II	미래
llame	llamara	llamase	llamare
llames	llamaras	llamases	llamares
llame	llamara	llamase	llamare
llamemos	llamáramos	llamásemos	llamáremos
llaméis	llamarais	llamaseis	llamareis
llamen	llamaran	llamasen	llamaren
llegue	llegara	llegase	llegare
llegues	llegaras	llegases	llegares
llegue	llegara	llegase	llegare
lleguemos	llegáramos	llegásemos	llegáremos
lleguéis	llegarais	llegaseis	llegareis
lleguen	llegaran	llegasen	llegaren
lleve	llevara	llevase	llevare
lleves	llevaras	llevases	llevares
lleve	llevara	llevase	llevare
llevemos	lleváramos	llevásemos	lleváremos
llevéis	llevarais	llevaseis	llevareis
lleven	llevaran	llevasen	llevaren
llore	llorara	llorase	llorare
llores	lloraras	llorases	llorares
llore	llorara	llorase	llorare
lloremos	lloráramos	llorásemos	lloráremos
lloréis	llorarais	lloraseis	llorareis
lloren	lloraran	llorasen	lloraren

	직설법				
	현재	단순과거	불완료과거	가능법	미래
lograr 성취하다	logro	logré	lograba	lograría	lograré
	logras	lograste	lograbas	lograrías	lograrás
	logra	logró	lograba	lograría	logrará
	logramos	logramos	lográbamos	lograríamos	lograremos
	lográis	lograsteis	lograbais	lograríais	lograréis
	logran	lograron	lograban	lograrían	lograrán
lucir 빛나다	luzco	lucí	lucía	luciría	luciré
	luces	luciste	lucías	lucirías	lucirás
	luce	lució	lucía	luciría	lucirá
	lucimos	lucimos	lucíamos	luciríamos	luciremos
	lucís	lucisteis	lucíais	luciríais	luciréis
	lucen	lucieron	lucían	lucirían	lucirán
mezclar 섞다	mezclo	mezclé	mezclaba	mezclaría	mezclaré
	mezclas	mezclaste	mezclabas	mezclarías	mezclarás
	mezcla	mezcló	mezclaba	mezclaría	mezclará
	mezclamos	mezclamos	mezclábamos	mezclaríamos	mezclaremos
	mezcláis	mezclasteis	mezclabais	mezclaríais	mezclaréis
	mezclan	mezclaron	mezclaban	mezclarían	mezclarán
mirar 보다	miro	miré	miraba	miraría	miraré
	miras	miraste	mirabas	mirarías	mirarás
	mira	miró	miraba	miraría	mirará
	miramos	miramos	mirábamos	miraríamos	miraremos
	miráis	mirasteis	mirabais	miraríais	miraréis
	miran	miraron	miraban	mirarían	mirarán

186 La Cenicienta

접속법			
현재	불완료과거 I	불완료과거 II	미래
logre	lograra	lograse	lograre
logres	lograras	lograses	lograres
logre	lograra	lograse	lograre
logremos	lográramos	lográsemos	lográremos
logréis	lograrais	lograseis	lograreis
logren	lograran	lograsen	lograren
luzca	luciera	luciese	luciere
luzcas	lucieras	lucieses	lucieres
luzca	luciera	luciese	luciere
luzcamos	luciéramos	luciésemos	luciéremos
luzcáis	lucierais	lucieseis	luciereis
luzcan	lucieran	luciesen	lucieren
mezcle	mezclara	mezclase	mezclare
mezcles	mezclaras	mezclases	mezclares
mezcle	mezclara	mezclase	mezclare
mezclemos	mezcláramos	mezclásemos	mezcláremos
mezcléis	mezclarais	mezclaseis	mezclareis
mezclen	mezclaran	mezclasen	mezclaren
mire	mirara	mirase	mirare
mires	miraras	mirases	mirares
mire	mirara	mirase	mirare
miremos	miráramos	mirásemos	miráremos
miréis	mirarais	miraseis	mirareis
miren	miraran	mirasen	miraren

Los verbos 187

	직설법				
	현재	단순과거	불완료과거	가능법	미래
morir 죽다	muero	morí	moría	moriría	moriré
	mueres	moriste	morías	morirías	morirás
	muere	murió	moría	moriría	morirá
	morimos	morimos	moríamos	moriríamos	moriremos
	morís	moristeis	moríais	moriríais	moriréis
	mueren	murieron	morían	morirían	morirán
observar 관찰하다	observo	observé	observaba	observaría	observaré
	observas	observaste	observabas	observarías	observarás
	observa	observó	observaba	observaría	observará
	observamos	observamos	observábamos	observaríamos	observaremos
	observáis	observasteis	observabais	observaríais	observaréis
	observan	observaron	observaban	observarían	observarán
odiar 미워하다	odio	odié	odiaba	odiaría	odiaré
	odias	odiaste	odiabas	odiarías	odiarás
	odia	odió	odiaba	odiaría	odiará
	odiamos	odiamos	odiábamos	odiaríamos	odiaremos
	odiáis	odiasteis	odiabais	odiaríais	odiaréis
	odian	odiaron	odiaban	odiarían	odiarán
olvidar 잊다	olvido	olvidé	olvidaba	olvidaría	olvidaré
	olvidas	olvidaste	olvidabas	olvidarías	olvidarás
	olvida	olvidó	olvidaba	olvidaría	olvidará
	olvidamos	olvidamos	olvidábamos	olvidaríamos	olvidaremos
	olvidáis	olvidasteis	olvidabais	olvidaríais	olvidaréis
	olvidan	olvidaron	olvidaban	olvidarían	olvidarán

접속법			
현재	불완료과거 I	불완료과거 II	미래
muera	muriera	muriese	muriere
mueras	murieras	murieses	murieres
muera	muriera	muriese	muriere
muramos	muriéramos	muriésemos	muriéremos
muráis	murierais	murieseis	muriereis
mueran	murieran	muriesen	murieren
observe	observara	observase	observare
observes	observaras	observases	observares
observe	observara	observase	observare
observemos	observáramos	observásemos	observáremos
observéis	observarais	observaseis	observareis
observen	observaran	observasen	observaren
odie	odiara	odiase	odiare
odies	odiaras	odiases	odiares
odie	odiara	odiase	odiare
odiemos	odiáramos	odiásemos	odiáremos
odiéis	odiarais	odiaseis	odiareis
odien	odiaran	odiasen	odiaren
olvide	olvidara	olvidase	olvidare
olvides	olvidaras	olvidases	olvidares
olvide	olvidara	olvidase	olvidare
olvidemos	olvidáramos	olvidásemos	olvidáremos
olvidéis	olvidarais	olvidaseis	olvidareis
olviden	olvidaran	olvidasen	olvidaren

Los verbos 189

	직설법				
	현재	단순과거	불완료과거	가능법	미래
pasar 지나가게 하다	paso	pasé	pasaba	pasaría	pasaré
	pasas	pasaste	pasabas	pasarías	pasarás
	pasa	pasó	pasaba	pasaría	pasará
	pasamos	pasamos	pasábamos	pasaríamos	pasaremos
	pasáis	pasasteis	pasabais	pasaríais	pasaréis
	pasan	pasaron	pasaban	pasarían	pasarán
pensar 생각하다	pienso	pensé	pensaba	pensaría	pensaré
	piensas	pensaste	pensabas	pensarías	pensarás
	piensa	pensó	pensaba	pensaría	pensará
	pensamos	pensamos	pensábamos	pensaríamos	pensaremos
	pensáis	pensasteis	pensabais	pensaríais	pensaréis
	piensan	pensaron	pensaban	pensarían	pensarán
poder ~할 수 있다	puedo	pude	podía	podría	podré
	puedes	pudiste	podías	podrías	podrás
	puede	pudo	podía	podría	podrá
	podemos	pudimos	podíamos	podríamos	podremos
	podéis	pudisteis	podíais	podríais	podréis
	pueden	pudieron	podían	podrían	podrán
ponerse 입다 ~으로 되다	me pongo	me puse	me ponía	me pondría	me pondré
	te pones	te pusiste	te ponías	te pondrías	te pondrás
	se pone	se puso	se ponía	se pondría	se pondrá
	nos ponemos	nos pusimos	nos poníamos	nos pondríamos	nos pondremos
	os ponéis	os pusisteis	os poníais	os pondríais	os pondréis
	se ponen	se pusieron	se ponían	se pondrían	se pondrán

접속법			
현재	불완료과거 I	불완료과거 II	미래
pase	pasara	pasase	pasare
pases	pasaras	pasases	pasares
pase	pasara	pasase	pasare
pasemos	pasáramos	pasásemos	pasáremos
paséis	pasarais	pasaseis	pasareis
pasen	pasaran	pasasen	pasaren
piense	pensara	pensase	pensare
pienses	pensaras	pensases	pensares
piense	pensara	pensase	pensare
pensemos	pensáramos	pensásemos	pensáremos
penséis	pensarais	pensaseis	pensareis
piensen	pensaran	pensasen	pensaren
pueda	pudiera	pudiese	pudiere
puedas	pudieras	pudieses	pudieres
pueda	pudiera	pudiese	pudiere
podamos	pudiéramos	pudiésemos	pudiéremos
podáis	pudierais	pudieseis	pudiereis
puedan	pudieran	pudiesen	pudieren
me ponga	me pusiera	me pusiese	me pusiere
te pongas	te pusieras	te pusieses	te pusieres
se ponga	se pusiera	se pusiese	se pusiere
nos pongamos	nos pusiéramos	nos pusiésemos	nos pusiéremos
os pongáis	os pusierais	os pusieseis	os pusiereis
se pongan	se pusieran	se pusiesen	se pusieren

Los verbos 191

	직설법				
	현재	단순과거	불완료과거	가능법	미래
preguntarse 자문하다	me pregunto	me pregunté	me preguntaba	me preguntaría	me preguntaré
	te preguntas	te preguntaste	te preguntabas	te preguntarías	te preguntarás
	se pregunta	se preguntó	se preguntaba	se preguntaría	se preguntará
	nos preguntamos	nos preguntamos	nos preguntábamos	nos preguntaríamos	nos preguntaremos
	os preguntáis	os preguntasteis	os preguntabais	os preguntaríais	os preguntaréis
	se preguntan	se preguntaron	se preguntaban	se preguntarían	se preguntarán
prometer 약속하다	prometo	prometí	prometía	prometería	prometeré
	prometes	prometiste	prometías	prometerías	prometerás
	promete	prometió	prometía	prometería	prometerá
	prometemos	prometimos	prometíamos	prometeríamos	prometeremos
	prometéis	prometisteis	prometíais	prometeríais	prometeréis
	prometen	prometieron	prometían	prometerían	prometerán
quedar 머물다	quedo	quedé	quedaba	quedaría	quedaré
	quedas	quedaste	quedabas	quedarías	quedarás
	queda	quedó	quedaba	quedaría	quedará
	quedamos	quedamos	quedábamos	quedaríamos	quedaremos
	quedáis	quedasteis	quedabais	quedaríais	quedaréis
	quedan	quedaron	quedaban	quedarían	quedarán
querer 좋아하다	quiero	quise	quería	querría	querré
	quieres	quisiste	querías	querrías	querrás
	quiere	quiso	quería	querría	querrá
	queremos	quisimos	queríamos	querríamos	querremos
	queréis	quisisteis	queríais	querríais	querréis
	quieren	quisieron	querían	querrían	querrán

192 La Cenicienta

접속법			
현재	불완료과거 I	불완료과거 II	미래
me pregunte	me preguntara	me preguntase	me preguntare
te preguntes	te preguntaras	te preguntases	te preguntares
se pregunte	se preguntara	se preguntase	se preguntare
nos preguntemos	nos preguntáramos	nos preguntásemos	nos preguntáremos
os preguntéis	os preguntarais	os preguntaseis	os preguntareis
se pregunten	se preguntaran	se preguntasen	se preguntaren
prometa	prometiera	prometiese	prometiere
prometas	prometieras	prometieses	prometieres
prometa	prometiera	prometiese	prometiere
prometamos	prometiéramos	prometiésemos	prometiéremos
prometáis	prometierais	prometieseis	prometiereis
prometan	prometieran	prometiesen	prometieren
quede	quedara	quedase	quedare
quedes	quedaras	quedases	quedares
quede	quedara	quedase	quedare
quedemos	quedáramos	quedásemos	quedáremos
quedéis	quedarais	quedaseis	quedareis
queden	quedaran	quedasen	quedaren
quiera	quisiera	quisiese	quisiere
quieras	quisieras	quisieses	quisieres
quiera	quisiera	quisiese	quisiere
queramos	quisiéramos	quisiésemos	quisiéremos
queráis	quisierais	quisieseis	quisiereis
quieran	quisieran	quisiesen	quisieren

Los verbos 193

	직설법				
	현재	단순과거	불완료과거	가능법	미래
recordar 기억하다	recuerdo	recordé	recordaba	recordaría	recordaré
	recuerdas	recordaste	recordabas	recordarías	recordarás
	recuerda	recordó	recordaba	recordaría	recordará
	recordamos	recordamos	recordábamos	recordaríamos	recordaremos
	recordáis	recordasteis	recordabais	recordaríais	recordaréis
	recuerdan	recordaron	recordaban	recordarían	recordarán
recorrer 돌아다니다	recorro	recorrí	recorría	recorrería	recorreré
	recorres	recorriste	recorrías	recorrerías	recorrerás
	recorre	recorrió	recorría	recorrería	recorrerá
	recorremos	recorrimos	recorríamos	recorreríamos	recorreremos
	recorréis	recorristeis	recorríais	recorreríais	recorreréis
	recorren	recorrieron	recorrían	recorrerían	recorrerán
regalar 선물하다	regalo	regalé	regalaba	regalaría	regalaré
	regalas	regalaste	regalabas	regalarías	regalarás
	regala	regaló	regalaba	regalaría	regalará
	regalamos	regalamos	regalábamos	regalaríamos	regalaremos
	regaláis	regalasteis	regalabais	regalaríais	regalaréis
	regalan	regalaron	regalaban	regalarían	regalarán
regresar 되돌아가다	regreso	regresé	regresaba	regresaría	regresaré
	regresas	regresaste	regresabas	regresarías	regresarás
	regresa	regresó	regresaba	regresaría	regresará
	regresamos	regresamos	regresábamos	regresaríamos	regresaremos
	regresáis	regresasteis	regresabais	regresaríais	regresaréis
	regresan	regresaron	regresaban	regresarían	regresarán

194 La Cenicienta

접속법			
현재	불완료과거 I	불완료과거 II	미래
recuerde	recordara	recordase	recordare
recuerdes	recordaras	recordases	recordares
recuerde	recordara	recordase	recordare
recordemos	recordáramos	recordásemos	recordáremos
recordéis	recordarais	recordaseis	recordareis
recuerden	recordaran	recordasen	recordaren
recorra	recorriera	recorriese	recorriere
recorras	recorrieras	recorrieses	recorrieres
recorra	recorriera	recorriese	recorriere
recorramos	recorriéramos	recorriésemos	recorriéremos
recorráis	recorrierais	recorrieseis	recorriereis
recorran	recorrieran	recorriesen	recorrieren
regale	regalara	regalase	regalare
regales	regalaras	regalases	regalares
regale	regalara	regalase	regalare
regalemos	regaláramos	regalásemos	regaláremos
regaléis	regalarais	regalaseis	regalareis
regalen	regalaran	regalasen	regalaren
regrese	regresara	regresase	regresare
regreses	regresaras	regresases	regresares
regrese	regresara	regresase	regresare
regresemos	regresáramos	regresásemos	regresáremos
regreséis	regresarais	regresaseis	regresareis
regresen	regresaran	regresasen	regresaren

Los verbos 195

	직설법				
	현재	단순과거	불완료과거	가능법	미래
reir 웃다	rio	reí	reía	reiría	reiré
	ries	reiste	reías	reirías	reirás
	rie	rio, rió	reía	reiría	reirá
	reímos	reímos	reíamos	reiríamos	reiremos
	reís	reisteis	reíais	reiríais	reiréis
	rien	rieron	reían	reirían	reirán
responder 대답하다	respondo	respondí,repuse	respondía	respondería	responderé
	respondes	respondiste,repusiste	respondías	responderías	responderás
	responde	respondió,repuso	respondía	respondería	responderá
	respondemos	respondimos,repusimos	respondíamos	responderíamos	responderemos
	respondéis	respondisteis,repusisteis	respondíais	responderíais	responderéis
	responden	respondieron,repusieron	respondían	responderían	responderán
robar 빼앗다	robo	robé	robaba	robaría	robaré
	robas	robaste	robabas	robarías	robarás
	roba	robó	robaba	robaría	robará
	robamos	robamos	robábamos	robaríamos	robaremos
	robáis	robasteis	robabais	robaríais	robaréis
	roban	robaron	robaban	robarían	robarán
romper 쪼개다	rompo	rompí	rompía	rompería	romperé
	rompes	rompiste	rompías	romperías	romperás
	rompe	rompió	rompía	rompería	romperá
	rompemos	rompimos	rompíamos	romperíamos	romperemos
	rompéis	rompisteis	rompíais	romperíais	romperéis
	rompen	rompieron	rompían	romperían	romperán

접속법			
현재	불완료과거 I	불완료과거 II	미래
ría	riera	riese	riere
rías	rieras	rieses	rieres
ría	riera	riese	riere
riamos	riéramos	riésemos	riéremos
riais	rierais	rieseis	riereis
rían	rieran	riesen	rieren
responda	respondiera	respondiese	respondiere
respondas	respondieras	respondieses	respondieres
responda	respondiera	respondiese	respondiere
respondamos	respondiéramos	respondiésemos	respondiéremos
respondáis	respondierais	respondieseis	respondiereis
respondan	respondieran	respondiesen	respondieren
robe	robara	robase	robare
robes	robaras	robases	robares
robe	robara	robase	robare
robemos	robáramos	robásemos	robáremos
robéis	robarais	robaseis	robareis
roben	robaran	robasen	robaren
rompa	rompiera	rompiese	rompiere
rompas	rompieras	rompieses	rompieres
rompa	rompiera	rompiese	rompiere
rompamos	rompiéramos	rompiésemos	rompiéremos
rompáis	rompierais	rompieseis	rompiereis
rompan	rompieran	rompiesen	rompieren

Los verbos 197

	직설법				
	현재	단순과거	불완료과거	가능법	미래
sacar 꺼내다	saco	saqué	sacaba	sacaría	sacaré
	sacas	sacaste	sacabas	sacarías	sacarás
	saca	sacó	sacaba	sacaría	sacará
	sacamos	sacamos	sacábamos	sacaríamos	sacaremos
	sacáis	sacasteis	sacabais	sacaríais	sacaréis
	sacan	sacaron	sacaban	sacarían	sacarán
salir 나가다	salgo	salí	salía	saldría	saldré
	sales	saliste	salías	saldrías	saldrás
	sale	salió	salía	saldría	saldrá
	salimos	salimos	salíamos	saldríamos	saldremos
	salís	salisteis	salíais	saldríais	saldréis
	salen	salieron	salían	saldrían	saldrán
señalar 표시하다	señalo	señalé	señalaba	señalaría	señalaré
	señalas	señalaste	señalabas	señalarías	señalarás
	señala	señaló	señalaba	señalaría	señalará
	señalamos	señalamos	señalábamos	señalaríamos	señalaremos
	señaláis	señalasteis	señalabais	señalaríais	señalaréis
	señalan	señalaron	señalaban	señalarían	señalarán
separar 분리하다	separo	separé	separaba	separaría	separaré
	separas	separaste	separabas	separarías	separarás
	separa	separó	separaba	separaría	separará
	separamos	separamos	separábamos	separaríamos	separaremos
	separáis	separasteis	separabais	separaríais	separaréis
	separan	separaron	separaban	separarían	separarán

접속법			
현재	불완료과거 I	불완료과거 II	미래
saque	sacara	sacase	sacare
saques	sacaras	sacases	sacares
saque	sacara	sacase	sacare
saquemos	sacáramos	sacásemos	sacáremos
saquéis	sacarais	sacaseis	sacareis
saquen	sacaran	sacasen	sacaren
salga	saliera	saliese	saliere
salgas	salieras	salieses	salieres
salga	saliera	saliese	saliere
salgamos	saliéramos	saliésemos	saliéremos
salgáis	salierais	salieseis	saliereis
salgan	salieran	saliesen	salieren
señale	señalara	señalase	señalare
señales	señalaras	señalases	señalares
señale	señalara	señalase	señalare
señalemos	señaláramos	señalásemos	señaláremos
señaléis	señalarais	señalaseis	señalareis
señalen	señalaran	señalasen	señalaren
separe	separara	separase	separare
separes	separaras	separases	separares
separe	separara	separase	separare
separemos	separáramos	separásemos	separáremos
separéis	separarais	separaseis	separareis
separen	separaran	separasen	separaren

Los verbos 199

	직설법				
	현재	단순과거	불완료과거	가능법	미래
ser ~이다	soy	fui	era	sería	seré
	eres	fuiste	eras	serías	serás
	es	fue	era	sería	será
	somos	fuimos	éramos	seríamos	seremos
	sois	fuisteis	erais	seríais	seréis
	son	fueron	eran	serían	serán
significar 의미하다	significo	signifiqué	significaba	significaría	significaré
	significas	significaste	significabas	significarías	significarás
	significa	significó	significaba	significaría	significará
	significamos	significamos	significábamos	significaríamos	significaremos
	significáis	significasteis	significabais	significaríais	significaréis
	significan	significaron	significaban	significarían	significarán
subir 오르다	subo	subí	subía	subiría	subiré
	subes	subiste	subías	subirías	subirás
	sube	subió	subía	subiría	subirá
	subimos	subimos	subíamos	subiríamos	subiremos
	subís	subisteis	subíais	subiríais	subiréis
	suben	subieron	subían	subirían	subirán
suceder 발생하다	sucedo	sucedí	sucedía	sucedería	sucederé
	sucedes	sucediste	sucedías	sucederías	sucederás
	sucede	sucedió	sucedía	sucedería	sucederá
	sucedemos	sucedimos	sucedíamos	sucederíamos	sucederemos
	sucedéis	sucedisteis	sucedíais	sucederíais	sucederéis
	suceden	sucedieron	sucedían	sucederían	sucederán

접속법			
현재	불완료과거 I	불완료과거 II	미래
sea	fuera	fuese	fuere
seas	fueras	fueses	fueres
sea	fuera	fuese	fuere
seamos	fuéramos	fuésemos	fuéremos
seáis	fuerais	fueseis	fuereis
sean	fueran	fuesen	fueren
signifique	significara	significase	significare
signifiques	significaras	significases	significares
signifique	significara	significase	significare
signifiquemos	significáramos	significásemos	significáremos
signifiquéis	significarais	significaseis	significareis
signifiquen	significaran	significasen	significaren
suba	subiera	subiese	subiere
subas	subieras	subieses	subieres
suba	subiera	subiese	subiere
subamos	subiéramos	subiésemos	subiéremos
subáis	subierais	subieseis	subiereis
suban	subieran	subiesen	subieren
suceda	sucediera	sucediese	sucediere
sucedas	sucedieras	sucedieses	sucedieres
suceda	sucediera	sucediese	sucediere
sucedamos	sucediéramos	sucediésemos	sucediéremos
sucedáis	sucedierais	sucedieseis	sucediereis
sucedan	sucedieran	sucediesen	sucedieren

Los verbos 201

	직설법				
	현재	단순과거	불완료과거	가능법	미래
tener 가지다	tengo	tuve	tenía	tendría	tendré
	tienes	tuviste	tenías	tendrías	tendrás
	tiene	tuvo	tenía	tendría	tendrá
	tenemos	tuvimos	teníamos	tendríamos	tendremos
	tenéis	tuvisteis	teníais	tendríais	tendréis
	tienen	tuvieron	tenían	tendrían	tendrán
terminar 끝내다	termino	terminé	terminaba	terminaría	terminaré
	terminas	terminaste	terminabas	terminarías	terminarás
	termina	terminó	terminaba	terminaría	terminará
	terminamos	terminamos	terminábamos	terminaríamos	terminaremos
	termináis	terminasteis	terminabais	terminaríais	terminaréis
	terminan	terminaron	terminaban	terminarían	terminarán
tocar 만지다 연주하다	toco	toqué	tocaba	tocaría	tocaré
	tocas	tocaste	tocabas	tocarías	tocarás
	toca	tocó	tocaba	tocaría	tocará
	tocamos	tocamos	tocábamos	tocaríamos	tocaremos
	tocáis	tocasteis	tocabais	tocaríais	tocaréis
	tocan	tocaron	tocaban	tocarían	tocarán
tornarse ~으로 되다	me torno	me torné	me tornaba	me tornaría	me tornaré
	te tornas	te tornaste	te tornabas	te tornarías	te tornarás
	se torna	se tornó	se tornaba	se tornaría	se tornará
	nos tornamos	nos tornamos	nos tornábamos	nos tornaríamos	nos tornaremos
	os tornáis	os tornasteis	os tornabais	os tornaríais	os tornaréis
	se tornan	se tornaron	se tornaban	se tornarían	se tornarán

접속법			
현재	불완료과거 I	불완료과거 II	미래
tenga	tuviera	tuviese	tuviere
tengas	tuvieras	tuvieses	tuvieres
tenga	tuviera	tuviese	tuviere
tengamos	tuviéramos	tuviésemos	tuviéremos
tengáis	tuvierais	tuvieseis	tuviereis
tengan	tuvieran	tuviesen	tuvieren
termine	terminara	terminase	terminare
termines	terminaras	terminases	terminares
termine	terminara	terminase	terminare
terminemos	termináramos	terminásemos	termináremos
terminéis	terminarais	terminaseis	terminareis
terminen	terminaran	terminasen	terminaren
toque	tocara	tocase	tocare
toques	tocaras	tocases	tocares
toque	tocara	tocase	tocare
toquemos	tocáramos	tocásemos	tocáremos
toquéis	tocarais	tocaseis	tocareis
toquen	tocaran	tocasen	tocaren
me torne	me tornara	me tornase	me tornare
te tornes	te tornaras	te tornases	te tornares
se torne	se tornara	se tornase	se tornare
nos tornemos	nos tornáramos	nos tornásemos	nos tornáremos
os tornéis	os tornarais	os tornaseis	os tornareis
se tornen	se tornaran	se tornasen	se tornaren

Los verbos 203

	직설법				
	현재	단순과거	불완료과거	가능법	미래
trabajar 일하다	trabajo	trabajé	trabajaba	trabajaría	trabajaré
	trabajas	trabajaste	trabajabas	trabajarías	trabajarás
	trabaja	trabajó	trabajaba	trabajaría	trabajará
	trabajamos	trabajamos	trabajábamos	trabajaríamos	trabajaremos
	trabajáis	trabajasteis	trabajabais	trabajaríais	trabajaréis
	trabajan	trabajaron	trabajaban	trabajarían	trabajarán
traer 가지고 오다	traigo	traje	traía	traería	traeré
	traes	trajiste	traías	traerías	traerás
	trae	trajo	traía	traería	traerá
	traemos	trajimos	traíamos	traeríamos	traeremos
	traéis	trajisteis	traíais	traeríais	traeréis
	traen	trajeron	traían	traerían	traerán
ver 보다	veo	vi	veía	vería	veré
	ves	viste	veías	verías	verás
	ve	vio	veía	vería	verá
	vemos	vimos	veíamos	veríamos	veremos
	veis	visteis	veíais	veríais	veréis
	ven	vieron	veían	verían	verán
vivir 살다	vivo	viví	vivía	viviría	viviré
	vives	viviste	vivías	vivirías	vivirás
	vive	vivió	vivía	viviría	vivirá
	vivimos	vivimos	vivíamos	viviríamos	viviremos
	vivís	vivisteis	vivíais	viviríais	viviréis
	viven	vivieron	vivían	vivirían	vivirán

접속법

현재	불완료과거 I	불완료과거 II	미래
trabaje	trabajara	trabajase	trabajare
trabajes	trabajaras	trabajases	trabajares
trabaje	trabajara	trabajase	trabajare
trabajemos	trabajáramos	trabajásemos	trabajáremos
trabajéis	trabajarais	trabajaseis	trabajareis
trabajen	trabajaran	trabajasen	trabajaren
traiga	trajera	trajese	trajere
traigas	trajeras	trajeses	trajeres
traiga	trajera	trajese	trajere
traigamos	trajéramos	trajésemos	trajéremos
traigáis	trajerais	trajeseis	trajereis
traigan	trajeran	trajesen	trajeren
vea	viera	viese	viere
veas	vieras	vieses	vieres
vea	viera	viese	viere
veamos	viéramos	viésemos	viéremos
veáis	vierais	vieseis	viereis
vean	vieran	viesen	vieren
viva	viviera	viviese	viviere
vivas	vivieras	vivieses	vivieres
viva	viviera	viviese	viviere
vivamos	viviéramos	viviésemos	viviéremos
viváis	vivierais	vivieseis	viviereis
vivan	vivieran	viviesen	vivieren

206 La Cenicienta

volver 돌아가다

	현재	단순과거	불완료과거	가능법	미래
	vuelvo	volví	volvía	volvería	volveré
	vuelves	volviste	volvías	volverías	volverás
	vuelve	volvió	volvía	volvería	volvería
	volvemos	volvimos	volvíamos	volveríamos	volveremos
	volvéis	volvisteis	volvíais	volveríais	volveréis
	vuelven	volvieron	volvían	volverían	volverán

시상법

접속법			
현재	불완료과거 I	불완료과거 II	미래
vuelva	volviera	volviese	volviere
vuelvas	volvieras	volvieses	volvieres
vuelva	volviera	volviese	volviere
volvamos	volviéramos	volviésemos	volviéremos
volváis	volvierais	volvieseis	volviereis
vuelvan	volvieran	volviesen	volvieren

Los verbos 207